JN409749

신체언어 교육

신구한국어교육연구총서 06

신체언어 교육

이 명 애 지음

(학)신구학원 신구문화사

머리말

이 책은 2019년 집필된 필자의 박사학위논문을 기본으로 교육방안 등 내용을 조금 더한 것이다. 우리는 의사소통하는데 성대를 중심으로 한 음성언어뿐 아니라 여러 가지 비언어를 늘 사용하고 있음은 주지의 사실이다. 그런데도 새로운 언어를 교수·학습하는 데에 음성언어에 비해서 아직까지 비언어 영역 특히 다른 신체 부위를 사용하는 신체언어에는 충분히 주목하지 못한 것도 사실이다. 신체언어는 문화 간 의사소통에 필수적인 기제임에도 불구하고 현재 한국어 교육에서 체계적인 적용은 부족하다. 신체언어에 대한 인지 부족으로 외국인 학습자가 소통에 불편을 겪을 수 있다는 문제의식에서 본서의 연구는 비롯하였다.

이러한 문제를 해결하고자 본 연구는 원활한 의사소통을 위해 한국어 교육에서 교수·학습해야 할 한국 신체언어의 목록과 이의 교육방안을 제시하는 것을 목적으로 하였다. 먼저, 한국어 교육용 신체언어의 선정을 위해 신체언어의 개념과 특성에 대해 논의하고 한국어 교육용 신체언어는 무엇인지에 대한 정의를 도출하였다. 그리고 한국어 교육용 신체언어의 선정에 앞서 선정 기준을 정하였다.

이러한 기준을 토대로 문헌 검토와 전문가 조사를 통해 사회적 요구에 부합하는 신체언어 목록을 찾고자 하였다. 이제까지 수집된 신체언어에 대해 한국어 교육 전문가를 대상으로 적합성 판정 조사를 실시하여 CVR(내용타당도비율) 값으로 타당성이 확인된 항목을 1차로 목록화하였다. 이 가운데에서 학습자의 인지 수준과 요구에 부합하는 신체언어를 추출하고자 학습자 대상 설문조사를 실시하였다. 국내 대학 기관에 재학하는 외국인 학습자를 지역 범주로 나누어 문화권별 차이를 살펴보았다. 이를 통해 드러난 2차 결과를 통해 최종적으로 한국어 교육 항목을 선정하게 되었다.

다음으로, 한국어 교재에 신체언어가 어느 정도 구현되어 있는지를 한국어 통합 교재와 문화 중심 교재에 대해 목표와 내용 분석을 통해 파악하였다. 이를 통해 신체언어가 제한적으로 나타나 있고 이러한 경우에도 대부분 이해를 위한 정보 제공 차원에 머무르고 있으며 목표 제시, 내용 구성, 연습 및 활용할 수 있는 장치가 충분치 못함을 알 수 있었다. 마지막으로, 목록화된 신체언어 항목을 중심으로 교육 내용을 정리하고 기존 한국어 교수요목에 신체언어 항목을 통합적으로 구성하였고 실제 활용할 수 있는 교육방안을 제시하였다.

한국어 교육용 신체언어에 관한 연구와 교육적 구현은 현재 초기 단계라 볼 수 있다. 이에 본서는 일반 목적의 한국어 교육을 위해 선정 기준을 세우고 실증적 통계 방법으로 신체언어 목록을 마련하고 이를 교육 내용으로 구성하여 교육방안과 함께 제시하였다는 데 의의가 있다고 할 수 있을 것이다.

끝으로 이 책은 많은 분들의 도움으로 이루어졌음을 밝힌다. 늘 거시적 시각에서 '왜'라는 본질적인 질문으로 필자의 부족함을 스스로 깨닫도록 이끌어주시는 이지양 지도교수님, 한결같은 학자의 본보기를 몸소 보여주시는 배주채 교수님, 문화연구라는 드넓은 세계를 강렬하게 펼쳐주신 박종한 교수님, 부족한 연구를 책으로 발간하도록 조언을 아끼지 않으신 한재영 교수님, 그리고 저자에게 생애 첫 책의 기회를 마련해 주신 신구문화사 임미영 사장님, 최승복 편집부장님 이하 여러 관계자분께 진심으로 감사함을 전한다.

2020년 7월

이 명 애

차례

표 목차

그림 목차

1

서론

1.1. 연구의 목적

언어가 통하지 않는 외국에서 의사소통을 해본 경험이 있는가? 말이 안 통할 때 우리는 자연스럽게 할 수 있는 모든 몸짓으로 생각과 의사를 표현하고 상대방의 몸짓을 주시하면서 그 의미를 알아내고자 애쓰게 된다. 그리고 이러한 신체언어가 곧잘 통하기도 한다.

이렇게 무의식적으로 튀어나오는 신체언어는 '무언의 언어'라 불리는데, 인간이 진화하면서 같이 발전해 온 것이다. 애초에 없었던 음성언어와는 달리, 신체언어는 인간이 서로 소통하기 시작하는 순간에 탄생하여 인간의 삶과 역사에서 줄곧 동반자처럼 함께 존재해 왔다. 현재의 일상에서도 우리는 소통을 위한 도구로 음성언어만 사용하는 게 아니라 알든 모르든 신체언어도 늘 사용하고 있다.(신체언어의 기능은 본서 2장에서 자세히 설명되어 있다.)

다른 한편으로, 타인의 낯선 신체언어를 보고 당황한 경험은 없었는가? 어느 외국인이 오랫동안 눈을 응시하며 이야기를 한다든지, 나이 어린 외국인이 자신을 향해 손가락을 구부려 까닥일 때 한국적인 예의가 아니라서 적잖이 어색하거나 불편할 수도 있다. 무의식적으로 배워 익힌 신체언어는 자신을 포함한 같은 언어문화권 사람에게는 당연하게 보일지라도 다른 문화권 사람에게는 전혀 다른 의미를 전하거나 불공손하게 비쳐질 수 있다. 이와 같이 신체언어는 인류가 똑같이 공유하는 부분도 있지만 언어문화에 따라 상이하게 발달한 부분도 많으므로 문화 간 소통을 원활히 하기 위해서는 신체언어에 대한 의식적인 이해가 필요하다고 할 수 있다.

이는 한국어의 경우에도 마찬가지이다. 한국어를 배우는 학습자의 입장에서 한국인과 진정한 의미로 소통하고 공감하기 위해서는 음성언어뿐 아니라 필수적으로 알아두어야 할 신체언어가 있을 것이다. 이러한 신체언어가 무엇인지를 모색하면서 본서의 연구가 비롯되었다.

본서의 목적은 한국어 교육에서 원활한 의사소통을 위해 교수·학습을 해야 할 한국 신체언어의 내용 구성과 교육 방법을 제시하는 데에 있다. 신체언어는 문화 간 의사소통에 필수적인 기제임에도 불구하고 현재 한국어 교육에서 체계적인 적용은 부족한 상황이다.[1] 이에 본서는 한국어 교육을 위한 신체언어의 선정 기준을 마련하고 이를 바탕으로 전문가 조사와 학습자 대상 설문 조사를 실시하여 나타난 결과를 토대로 한국 신체언어의 목록을 작성하였다. 그리고 이를 바탕으로 교수·학습의 방안을 제시할 것이다.

의사소통을 위한 수단으로 크게 말과 글을 포함하는 언어적(verbal) 수단과 언어를 제외한 다른 모든 표현을 포함하는 비언어적(non-verbal) 수단으로 양분할 수 있다(강길호·김현주 1995:131). 의사소통에서 중심이 되는 도구가 언어라는 데에는 반론의 여지가 없다. 인간은 말과 글이라는 유용한 도구로 타인과 의미와 감정을 주고받으며 대인 관계를 형성하고 유지한다. 그런데 이러한 의사소통, 특히 얼굴을 마주보며 이루어지는 의사소통을 살펴보면, 언어만 사용되는 것이 아니라 목소리, 얼굴 표정, 몸짓, 자세 등 다양한 장치가 보조적으로 활용된다.

소통을 위한 비언어적 표현 방식에는 음성 영역을 사용하는 준언어[2], 음성 영역을 제외한 신체 부위를 사용하는 신체언어, 신체 이외의 공간, 시간, 사물 등 다양한 수단이 있다.[3] 이 가운데에서 본서는 신체언어에 초점을 맞추고자 한다. 이는 한국어 교육에서 아직까지 비언어적 영역을 제대로 다루지 않은 현실에서 우선적으로 신체언어부터 취급해야 한다고 보기 때문이다.

신체언어란 발성 기관으로 의사소통을 하는 음성언어 영역을 제외한 신체

---

1) 문화는 집단 구성원에 의하여 습득, 공유, 전달되는 행동 양식이나 생활 양식의 과정 및 결과를 의미한다(표준국어대사전 참고). 이때 집단은 다양하게 해석될 수 있으나, 본서에서는 나고 자란 모국을 집단 단위로 보며 문화는 이러한 국가 문화를 지칭한다.

2) 준언어(paralanguage)는 음성을 사용하는 비언어적 소통 수단으로 내용 자체의 표현에는 관여하지 않는 목소리나 말의 속도·크기·강세·억양 등과 관계된다. 본서에서는 음성 영역을 제외한 신체언어를 다루므로 준언어에 관해서는 논하지 않기로 한다.

3) 신체를 제외한 비언어적 소통 수단의 내용은 다음과 같다(Knapp et al. 2014).
- 공간언어(proxemics): 공간 운영 행위, 대인거리 등
- 시간언어(chronemics): 시간 운영 및 관리 형태
- 기타 (artificial signals): 의복, 화장품, 향수, 소지품, 머리모양, 장신구, 인위적 환경 등

부위의 움직임을 통해 생각 또는 느낌을 나타내거나 전달하는 언어적 기호를[4] 의미한다. 본서에서 다루는 신체언어는 몸짓, 얼굴표정, 응시, 접촉, 자세 등을 포함한다.[5] 비언어적 표현 가운데 신체언어는 우리의 몸을 사용하므로 음성언어와 마찬가지로 일차적 매체라는 점과 의사소통을 하는 동안 의식적이든 무의식적이든 음성언어와 더불어 사용되거나 또는 단독으로 항상 관여된다는 점에서 주목할 필요가 있다.

음성언어를 사용하는 대면 의사소통에서 신체언어도 더불어 사용된다. 예를 들어 우리는 소리 내어 이야기할 때 언제나 어떠한 자세를 갖추며 표정을 짓고 동작을 취하게 된다. 만약 윗사람 앞에서 가만히 앉은 채로 손동작 없이 무표정하게 보이는 얼굴로 이야기할 때에도 음성언어와 함께 신체언어를 구사하고 있는 것이다. 이 경우에 허리를 곧게 하여 앉아 있는 자세, 그리고 표정과 손동작에 유의하려는 몸짓이라는 신체언어를 사용하고 있으며 이를 통해 존경과 겸양이라는 태도를 보이며 서로 간의 관계를 원활히 하려는 메시지를 담고 있다.

또한 신체언어는 음성언어 없이 단독으로 의사소통의 기능을 하기도 한다. 예를 들어 상대방의 요청에 대하여 음성언어를 사용하지 않고 엄지와 검지로 동그라미를 만들어 보이는 동작만을 보임으로써 수락의 뜻을 충분히 전달할 수 있다. 이렇게 대면 의사소통은 언제나 음성언어와 신체언어가 통합적으로 사용되어 이루어진다. 따라서 성공적인 의사소통을 위해서 음성언어와 더불어 신체언어를 이해하고 사용할 수 있어야 한다.[6]

특히 언어와 문화가 다른 학습자들을 위한 한국어 교육에서 신체언어 교

---

4) 신체언어에 대한 교수·학습에서는 신체언어도 음성언어와 마찬가지로 일정한 형태(기표, signifiant)와 의미(기의, signifié)를 갖춘 부호로 하나의 언어로서 다룬다. 음성언어와 같이 화자가 생각이나 감정을 신체언어로 부호화(encoding)하면 상대방은 이를 보고 다시 해독(decoding)하여 화자의 메시지를 이해하게 된다는 점에서 의사소통의 과정이 동일하다고 본다.

5) 이는 다양한 신체언어의 분류 가운데 하나로 표현방식을 기준으로 한 것이다(김우룡·장소원 2004).

6) 음성언어와 신체언어가 동시에 작용할 때 관계의 친밀도와 커뮤니케이션 효율성에 긍정적인 영향을 줌을 증명한 연구(이영혜·김현주 2014)가 있다.

육은 더욱 필요하다. 한국어에 능숙하더라도 상황 맥락에 따라 적절히 표현해야 하는 신체언어에 대한 이해가 없다면 결코 의사소통을 잘 할 수 없기 때문이다. 실제로 신체언어를 잘못 사용하여 의사소통에 문제가 생긴 예를 들면 다음과 같다.[7)]

(1) 교수님, 안녕하세요? (교정에서 마주친 50대 교수님을 향해 멀리서 손을 크게 흔든다) - 중국인 고급 학습자(20대)
(2) 아, 네, 감사합니다. (탁자에 놓인 컵을 들지 않고 교사가 따라주기만을 기다린다.) - 멕시코인 중급 학습자(20대)
(3) 선생님, 저 불만 없어요. (팔짱을 껴 보인다.) 이 자세는 존경의 의미예요. - 베트남인 중급 학습자(10대)
(4) 제 여자 친구가 못생겼다고 한 줄 알고 화가 났었어요. (새끼손가락을 올려 보인다.) - 중국인 고급 학습자(20대)

(1), (2)는 음성언어 표현과 어울리는 신체언어 표현을 잘못 사용한 경우이다. (1)의 경우, 중국인 고급 학습자는 윗사람에게도 손을 흔드는 인사를 하는 중국 문화에서 비롯된 동작을 하였다. 이를 본 교사에게 주의를 받을 정도로 한국에서 무례하게 느껴질 수 있는 신체언어를 사용하여 의사소통에 실패한 경우이다. 한국어 모어 화자라면 고개를 숙이는 자세를 취하거나 어른에게 다가가 고개와 허리를 숙이면서 두 손을 사용하는 악수를 할 것이다. (2)의 경우는 멕시코인 중급 학습자가 음료수에 대해서 감사하다는 음성언어 표현은 하였으나 윗사람에게 두 손으로 잔을 들어서 음료수를 받는 공손한 신체언어를 인지 및 표현을 못하여 소통에 문제가 생긴 경우이다. (1), (2)의 경우와 같이, 한국인은 중급 이상의 한국어를 구사하는 화자에게 이에 상응하는 신체언어 표현을 자연스럽게 기대하게 되므로 기대가 어긋난 경우 불쾌감을 더욱 크게 느낄 수 있다.

(3), (4)는 동일한 형태의 신체언어가 지닌 상이한 의미를 인지하지 못하여

7) 이는 필자가 한국문화원과 대학 등 한국어 교육 기관에서 학습자들과의 상호작용하는 과정에서 발생했거나 목격한 사례 가운데 일부이다.

소통에 실패한 경우이다. 한국인 모어 화자는 자신의 팔짱 끼기는 일반적으로 무관심, 피로, 불만 등을 나타낸다고 알고 있지만 베트남에서는 관습적으로 자신의 팔짱을 끼면서 어른에게 존경이나 인사 또는 사죄의 의미를 나타낼 수 있다는 것은 대체로 알지 못한다. 따라서 (3)의 경우와 같이 베트남 학생이 선의로 팔짱을 끼고 있을 때 한국에서는 오히려 무례하다고 크게 오해할 수 있다. (4)는 한국에서 새끼손가락의 속어적 의미가 '여자친구'임을 알지 못하는 중국인 학습자가 중국에서처럼 '못했다', '최하위' 등을 나타낸다고 이해하여 오해와 갈등을 빚은 경우이다.

위와 같이 의사소통에 사용되는 신체언어는 모어 화자에게는 음성언어와 마찬가지로 자연스럽게 습득된 것이지만, 외국인 학습자에게는 모문화의 신체언어와 다른 경우 의사소통에 문제를 일으킬 수 있을 정도로 오해와 갈등의 가능성을 내포할 수 있다. 한국어로 이루어지는 의사소통이 원만히 이루어지기 위해서는 한국인에게 적합한 행동 규약인 신체언어를 이해하고 표현할 수 있어야 한다. 따라서 한국어 교육에서 음성언어뿐 아니라 이러한 신체언어에 대해서 의식적으로 교육해야 할 필요가 있다.

한국어 교육에서 신체언어 교수·학습의 필요성에 대한 인식과 관심은 있으나[8] 실제적인 교수·학습 내용과 방안에 대한 연구는 아직까지 미흡하다. 우선, 신체언어 가운데 한국어 교육용 신체언어를 선정하는 문제와 신체언어를 기존의 음성언어 중심으로 구성된 교육 내용과 과정에 포함시키는 문제가 고려되어야 한다.

교육 내용의 선정에는 사회적 요구와 개인적 요구가 모두 반영될 필요가 있다(민용성 2011). 사회적 요구는 교육 내용이 지적으로 타당하고 사회적으로 적절하고 유용해야 함을 의미한다. 개인적 요구는 교육 내용이 학습자에게 유의미해야 하는 것으로 인지 수준에 맞고 흥미와 관심을 주며 삶에 유용해야 함을 의미한다(김대현·김석우 2008, 홍후조 2011). 한국어 교육을 위한 신체언어 항목의 선정에도 이 두 가지를 고려해야 할 것이다. 따라서 본서에

8) 1.2. 선행 연구 참조. 특히, 조현용(2005)는 고급 학습자를 대상으로 설문 조사를 실시하여 신체언어 교수·학습에 대한 학습자의 요구도가 높음을 증명한 바 있다.

서는 문헌 검토와 전문가 조사를 통해 사회적 요구에 부합하는 신체언어 목록을 찾고자 한다. 이렇게 도출된 1차 목록을 바탕으로 학습자 인지도 및 요구도 조사를 거쳐서 개인적 요구에도 상응하는 목록을 2차로 제시하고자 한다. 이를 토대로 현행 한국어 교재 분석을 하여 한국 신체언어 교수·학습의 문제점을 파악한다. 이를 통해 한국어 교육에서 음성언어와 통합적으로 신체언어를 교수·학습을 할 수 있는 내용을 구성하고 이를 구현할 수 있는 방안을 제시하려고 한다.

1.2. 선행 연구의 검토

비언어 행위가 소통의 한 영역으로 체계적으로 연구되기 시작한 것은 20세기에 들어서라고 볼 수 있다. 국제 교류가 증폭되는 시대적 상황에서 문화 간 커뮤니케이션 연구의 한 축으로 비언어에 관한 국가 간 비교 연구가 자리를 잡기 시작했다. 특히 2차 세계대전 이후 효과적인 이문화 적응을 위해 비언어 소통 행위에 초점을 맞춘 연구와 교육이 이루어졌다. Hall, Birdwhistell 등이 주축이 되어 1946년에 'Foreign Service Institute'을 설립하여 비언어 차원의 외국어 교육을 실시한 것이 그 예이다.

이후 교육의 내용을 마련하기 위해 구체적인 신체언어를 수집한 연구가 이어졌다. 한 국가의 신체언어를 사전식으로 편찬한 연구가 이루어지기도 했는데 그 결과로 러시아에서 『A Dictionary of Russian Gesture』(1984)와 프랑스에서 『The Semiotics of French Gesture』(1990) 등이 편찬되었다. 또한 여러 국가의 신체언어를 비교 문화적으로 분석한 연구가 축적되기 시작하였다. 대표적인 예로 Morris는 『Manwatching』(1977)에서 각 국의 제스처를 60여 개 항목으로 분류 비교하였고 Axtell은 한국을 포함한 여러 나라 신체언어 모음집인 『Gestures: The DOs and TABOOs of Body Language Around the World』(1998)을 발간하였다.

국내에서는 1980년대에 비언어 소통에 관한 연구가 비롯되었다. 박명석

(1980), 한기태(1987)과 같이 초기 연구들은 비언어 표현의 개념과 의사소통의 기능에 관해 다루었다. 논의가 진행됨에 따라 점차 비언어표현의 유형과 기능 분류에 관한 논의가 이어졌고(홍기선 1995, 이석주 1999), 1990년대부터 비언어 소통에 관한 단행본이 출판되었다(강길호·김현주 1995, 정혜경 1999, 최윤희 1999, 김숙현 외 2001, 김우룡·장소원 2004). 이를 통해 국내에서 비언어 소통에 관한 이론이 정립되고 논의가 심화되는 바탕이 되었다.

이 가운데 박인진(2003)은 몸짓이 의사소통을 위한 문화적인 도구이며 자연언어의 특성인 기호의 조건을 모두 갖추었음을 논의하였다. 장영희(2006)은 언어와 비언어를 의사전달의 양축으로 놓고 의사소통의 효과를 위해 이 두 가지 요소의 조화로운 사용이 필요함을 강조하였다. 이 외에도 신체언어의 의사소통 역할을 대화분석론적 관점에서 논의하거나(임성우 2006) 신체언어의 유형에 따라 문화와의 상관성이 달라짐을 제시한 연구(김인택 2009) 등이 있다.

최근에는 김진석(2015)와 같이 다문화 사회에서 필요한 문화 간 의사소통 능력을 배양하기 위해 언어적 측면과 더불어 비언어적 측면의 의사소통을 연구하는 경향이 있다. 특히 이명애·박광옥·이지양(2016)은 이러한 문화 간 소통 능력을 동기, 지식, 전략, 행동으로 구분하고 이 가운데 행동 영역에 비언어 능력을 포함시켜 논의하였다.

교육적 측면에서는 1990년대 이후로 한국의 비언어 표현의 특성을 밝히거나 항목을 추출하여 체계화하려는 연구가 진행되어 왔다. 홍희광(1994)는 한국인의 비언어적 의사소통의 전체적 특성과 세대별 차이를 설문 조사를 통해 분석하였다. 이는 실증 분석을 시도한 초창기 연구라는 데 의의가 있다. 윤애선(1998)은 프랑스 영화와 한국 영화 장면에서 양국의 신체언어를 추출하고 이를 기능별로 분류하여 비교 분석하였다. 이는 한국의 신체언어를 의사소통의 기능을 기준으로 분류하고 제시한 초기 연구이며 여기서 제시된 기준은 본서에서 신체언어를 분류하는 데 참고가 되었다.

김영순(1999)는 인간 동작을 분석하는 틀로 기호 통사론(표현), 기호 의미론(의미), 기호 화용론(기능), 어원론(유래)과 연관된 영역을 사례와 함께 제시하였다. 이는 신체언어를 체계적으로 분석하는 방법을 마련했다는 데에 의의가 있다. 김영순(2000, 2001a)은 한국인의 기초적인 손동작 목록을 한국인만이 가지는 독특하고, 일상생활에서 쓰이는 빈도가 높으며, 학습하지 않을 경우 생활에 불편함을 줄 수 있으며, 문화 간에 오해와 갈등의 소지가 있는 표현을 중심으로 선정하고 이에 대한 분석을 제시하였다. 이 선정 기준은 본서에서 신체언어를 선별하는 데 참고가 되었다. 성광수(2001), 성광수·김성도(2001)은 한국인의 신체언어 교육에서 언어 예절에 맞는 표현에 주목할 것을 주장하였다.

조현용(2003, 2005, 2007)은 한국어 교육용 비언어 표현을 선정하고 신체 부위별로 분류하였다. 또한 한국어 교재와 TOPIK 등의 평가에서 나오는 의사소통 기능을 기준으로 재분류하여 제시하였다. 조현용(2009)는 이전 논의를 바탕으로 『한국인의 신체언어』라는 그림 사전식 단행본을 출간하였는데 이는 한국어 교육을 위한 최초의 한국 신체언어 채집본이라는 데 의의가 있다. 그러나 이는 한국어 관용 표현에 집중하여 한국적 특수성이 보이지 않는 신체언어도 다수 실려 있다는 한계가 있다.

이노미(2006)은 김영순(2000)을 바탕으로 한국 손짓 언어 목록을 마련하고 이에 대해 아시아 국가의 유학생 대상 면담 조사와 국내 이주 노동자 대상 설문 조사를 통해 여러 나라의 손짓 언어를 비교 분석하였다. 이는 한국 유학생 출신 국가 가운데 대부분을 차지하는 아시아 국가의 손짓언어에 대한 차이를 실증적으로 제시했다는 의의가 있다.

김경지(2011)은 한국 영화와 드라마를 통해 430여 개의 신체 표현을 추출하고 빈도를 분석하였다. 이를 신체언어 표현 유형인 몸짓, 표정, 자세, 응시, 접촉으로 분류하고 이를 다시 사교, 감정 표현, 설명, 화행, 언약, 질의 응답, 문화라는 기능별로 분류하여 제시하였다. 이는 한국 신체언어에 대한 기초 자료로서 의미가 있으나 인류 공통적인 표현이 많이 있어 한국어 수업에 적용하기 위해서는 재선별의 작업이 필요해 보인다.

한편, 의사소통을 목표로 두는 한국어 교육 또는 외국어 교육을 위해 특정 국가의 신체언어와 한국의 신체언어의 대조 분석을 수행한 연구가 축적

되고 있다. 분석 대상 국가들을 살펴보면, 일본과 중국을 대상으로 하는 연구가 가장 많고(홍민표 1998, 원지은 2006, 리샤오원 2012, 황창민 2012, 이노미 2016), 그 외 이집트(사희만 1990), 독일(추계자 1997, 2003a, 2003b), 프랑스(윤애선 1998), 스페인(조혜진 2005), 미국(홍민표 2007), 터키(조은숙 2016), 베트남(응웬 티 홍 2017), 우즈베키스탄(갈라노바 딜노자·강미영 2017) 등이 있다. 이노미(2007)은 한국의 손짓을 아시아 각국과 비교 분석하였고, 홍민표(2007)은 한국·일본·중국·미국 4개국을 대상으로 12개 몸짓에 대해 비교 고찰하였다. 이와 같은 연구는 모두 비교적 차이가 많이 나는 신체언어를 선별하고 이에 대한 비교 조사를 통해 한국과의 차이를 밝히고 있다. 교육 내용인 한국의 신체언어뿐 아니라 학습자 모국의 신체언어와의 비교 문화적 분석은 한국어 교육을 위한 기초 자료가 될 수 있다는 점에서 의의를 찾을 수 있다.

이 외에도 한국어 교육에서 신체언어 교수·학습 방안에 관한 연구가 이어지고 있다. 전반적인 논의로, 박갑수(2011)은 비언어 행동을 통한 문화 교육을 강조하면서 한국 신체언어를 일방적으로 교수하기보다 한국의 신체언어와 학습자 문화의 신체언어를 상호 이해하는 방향이어야 함을 논하였다.

구체적인 방안 연구로는 다음과 같다. 권종분(2006)은 기존 교재의 신체언어 항목을 중심으로 초급용 의사소통 주제에 맞춘 단원 구성을 제안하였다. 김정은(2006)은 비언어 표현 교육을 위해서 문화 간 비교, 활동 중심의 수업 구성을 제안하였고, 김정은(2015)는 문화감지도구의 활용을 제안하였다. 심휘령(2017)은 초급 단계에서 한국인의 손짓 교육을 위해 동요, 예능 프로그램, 이모티콘 등을 활용할 것을 제안하였다. 그 외에 드라마나 영화, 광고 등의 영상매체를 활용하는 연구가 다수를 차지하고 있다(김성수·김선정 2004, 김성수 2005, 김경지 2007, 2009, 2011, 백승옥 2013, 강소영 2017). 허지애(2010)은 신체언어 교수·학습을 위해 매시간 멀티미디어를 활용하는 수업은 아직까지 여의치 않은 현실이므로 교재를 충분히 활용할 수 있도록 교재 속 삽화의 보강을 주장하였다.

이상에서 살펴본 바와 같이, 한국어 교육에서 신체언어에 대한 연구와 실제는 아직 초기 단계라고 할 수 있다. 먼저, 교수·학습의 내용인 신체언어 항목 선정이 제대로 이루어지지 않았다. 한국어 교육용 신체언어는 어떠해야 하는지에 대한 구체적인 논의가 필요하다. 논의를 바탕으로 마련된 기준을 통해 한국어 교육용 신체언어를 선별해야 한다.

교육 내용의 선정에는 사회적 요구와 학습자 요구가 모두 고려되어야 할 것이다. 사회적 요구에 부합하기 위해서는 연구와 교육 경험에서 비롯된 적합성 판정이 이루어질 필요가 있다. 그리고, 학습자들의 인지와 요구를 보다 체계적으로 살펴보아야 한다. 또한, 이제까지 이루어진 연구는 비교 대상국과 한국에서 차이가 나는 일부 신체동작으로 제한되었는데, 신체 목록 전반에 대한 인지도 연구가 이루어져야 한다.

마지막으로, 한국어 교육에서 신체언어 교수·학습 방안 연구가 이루어지고 있으나 이는 단편적이라고 할 수 있다. 기존의 기능 중심의 교수요목에 신체언어의 항목이 음성언어와 통합적으로 구성되어 제시될 필요가 있다. 이를 바탕으로 신체언어의 교수·학습에 대한 전반적인 방안이 마련되어야 한다. 따라서 본서는 한국어 교육용 신체언어의 선정 기준을 마련하고 전문가 조사와 학습자 조사를 거쳐 교육용 목록을 설정하고 이의 교육방안에 대해 구체적으로 논의하고자 한다.

1.3. 논의의 구성

본서는 한국어 교육에 적용될 수 있는 신체언어의 내용과 방법을 구안하는 것을 목적으로 두고 있다. 이를 위해 다음과 같이 논의를 구성하여 진행한다.

2장에서는 한국어 교육용 신체언어의 개념과 특성에 대해 논한다. 한국어 교육용 신체언어의 선정을 위해 중요한 기준이 되는 특성 가운데 보편성과 특수성, 의사소통 기능성, 공손성에 대한 논의를 전개한다. 이러한 논의를 통해 한국어 교육에서 교육 내용이 될 수 있는 신체언어를 선정하는 바탕을 마련한다.

3장에서는 2장의 논의를 바탕으로 한국어 교육용 신체언어의 선정 기준을 마련한다. 이러한 기준을 바탕으로 기존 문헌에서 수집된 신체언어를 빈도순으로 정리한다. 기존 항목에 대해 한국어 교육 전문가를 대상으로 적합성 판정 조사를 실시하여 1차 목록을 작성한다. 이렇게 도출된 1차 목록에 대하여 교육의 수요자인 학습자를 대상으로 인지 수준과 요구도를 밝히기 위해 설문 조사를 실시하여 이를 실증적으로 분석한다. 분석 결과를 통해 학습자가 실제 어려워하는 신체언어를 중심으로 최종 목록을 선정하여 제시한다.

4장에서는 교재에 드러난 신체언어 목록과 제시 양상을 분석할 것이다. 한국어 통합 교재와 문화 중심 교재를 분석하여 신체언어가 교육적으로 반영된 양상을 구체적으로 살펴보고 문제점을 밝힌다.

5장에서는 한국어 교육에서 신체언어를 적용할 수 있도록 교수·학습 내용을 구성한다. 또한 이러한 내용을 수업에서 구현할 수 있는 방안을 제시한다.

6장에서는 본서의 연구 결과에 대해 논의하고 본서의 의의와 제한점을 밝히고 향후 한국어 교육을 위한 신체언어 연구의 방향을 제시한다.

본서의 절차와 방법을 정리해 보이면 〈표 1-1〉과 같다.

〈표 1-1〉 연구의 절차와 방법

한국어 교육용 신체언어 선정 기준 마련
• 문헌 연구 기반

⇩

신체언어의 1차 선정
• 문헌 검토: 수집 빈도순으로 추출 • 전문가 조사: 기존 목록에서 선정 기준에 의한 항목 선정

⇩

신체언어의 2차 선정
• 학습자 면담 조사: 학습자 대상 설문지 구성 • 학습자 설문 조사: 학습자의 인지 수준과 문화별 인지 양상의 차이 및 요구도 확인

⇩

신체언어 교수·학습의 문제점 확인
• 교재의 신체언어 제시 양상 분석 : 통합 교재, 문화 중심 교재를 중심으로 제시 항목과 방법에 대한 분석

⇩

신체언어 교수·학습의 방안 제시
• 신체언어 내용 및 기존 음성언어 교수요목에 통합한 구성 제안 • 교수·학습 방안 제시

2

신체언어의 개념과 특성

이 장에서는 한국어 교육용 신체언어 목록을 마련하기 위해 한국어 교육에 적합한 신체언어의 개념과 주된 특성이 무엇인지에 대해 살펴보고자 한다. 먼저 수많은 신체언어 가운데 한국어 교육 내용이 될 수 있는 신체언어는 무엇인지에 관해 논의한다. 그리고 한국어 교육용 신체언어의 특성을 구체적으로 밝히기 위하여 신체언어의 유형과 기능을 중심으로 살펴본다.

2.1. 신체언어의 개념

우리가 생활하면서 끊임없이 구사하는 수많은 신체언어는 습득 방식에 따라 생득적인 것과 문화적인 것으로 나누어 생각해 볼 수 있다(Berko, Wolvin, & Wolvin 1998). 먼저 생득적인 신체언어는 타고난 신경 프로그램에 내재되어 우리가 배우지 않아도 필요할 때 자동적으로 나타나는 본능적인 행위이다. 이는 오랜 기간 생물학적으로 내재되어 보편성을 띤다. 예를 들면, 갑작스런 위험이 닥칠 때 우리의 몸은 생존을 위해 움츠리면서 눈을 깜박이게 되고 근육을 긴장시키고 손에 땀을 낸다. 사람이 구사하는 신체언어는 수십 만 가지에 이르며 이 가운데 대부분은 유전적으로 타고난 것이라고 한다(홍기선 1994).

또 다른 신체언어는 문화적인 것으로 음성언어와 동일한 방식으로 학습되거나 습득된다. 우리는 태어나 자라게 되는 사회 문화적 환경에서 주위 사람들의 말뿐만 아니라 관습적인 행동을 보고 모방하면서 배우게 된다. 우리는 만날 때마다 인사로서 사회적으로 공통된 신체 표현을 한다. 인사와 같이 문화적인 신체언어는 다른 문화적 요소와 마찬가지로 사회적으로 당연시되는 규범으로 자리 잡아 이를 지키는 것은 매우 자연스런 일이 된다.

이렇게 문화적으로 습득된 신체언어는 세계 각 지역에 따라 다르지 않고 동일하게 나타나는 인류 보편적 신체언어와 지역에 따라 차이가 두드러지는 지역 특수적 신체언어로 다시 나누어 생각할 수 있다. 인류 보편적인 신체언어는 사람들이 공유하는 오랜 역사에서 비롯되어 보편성을 띤다. 예를 들어, 식사를 나타내는 표현은 어디에서나 손을 사용한다(Morris 1994). 또한 기본 감정을 표현하는 얼굴 표정 방식에는 문화 간 차이가 없이 보편적이다(Ekman 1972). 유구한 세월 동안 사람들은 삶의 체험과 문화 간 교류의 역사를 통해 동일하거나 유사한 신체언어를 발달시켜 온 것이다.

한편, 문화적으로 습득한 신체언어 가운데 인류 보편적이라기보다 비교적 차별성을 띠는, 지역에 따라 특수한 신체언어가 있다. 각 나라마다 고유의 문화가 존재하고 지속되는 것과 마찬가지로 그 나라 사람들이 관습적으로 표현하는 독특한 신체언어가 존재한다. 예를 들어 만나서 반갑다는 얼굴 표정은 기본적으로 동일한 측면이 있으나 이를 인사로 표현하는 방식은 비교하는 나라에 따라 같거나 유사할 수가 있고 또는 매우 다를 수도 있다.[9)]

Morris(2002)에서 지적한대로 인류 보편적인 신체언어라 하더라도 나타나는 구체적인 방식(style)이나 정도(intensity)에서 차이가 있다. 우리 모두는 기쁠 때 소리 내어 웃게 된다. 하지만 지역에 따라 크게 웃는 웃음이 무례하다고 여겨 자제해야 하거나 여성의 경우 입 안이 보이지 않도록 가려야 할 수도 있다. Ekman(1972)에서도 인간의 욕구와 감정을 표현하는 필요성은 생물학적, 사회 문화적으로 보편적이지만 표현하는 구체적인 방법은 문화마다, 민족마다 서로 다르다고 하였다. 예컨대, 기본적인 감정 상태와 표정 사이에는 필연적인 관계가 있지만, 이러한 표정을 강화시키거나 약화시키는 데는 문화적 규칙이 존재한다. 이렇게 방식과 정도에서 다른 지역과 의미 있는 차이가 나는 경우 이를 특수한 신체언어로 보고 문화 간 의사소통을 위한 교육

9) 한 지역의 문화는 오랜 세월 교류가 잦은 이웃 지역의 문화와 영향을 주고받게 되므로 신체언어 또한 교류가 많은 지역의 신체언어와 보다 유사할 거라고 추정할 수 있다. 한 예로, 프랑스 신체언어에 대한 이해도를 조사한 결과, 프랑스인 85점을 기준으로 헝가리인은 46.5점으로 비교적 유사한 데 비해 일본인은 29점이라는 현저한 차이를 나타내었다. 이와 같이 문화 간 거리가 멀수록 해당 문화의 신체언어에 대한 이해도가 대체로 낮아진다고 할 수 있다(Calbris 1983, 장한업 1999 재인용).

에서 다루어야 할 필요가 있을 것이다.[10)]

이상을 종합하여 〈그림 2-1〉과 같이 신체언어를 분류할 수 있다.[11)]

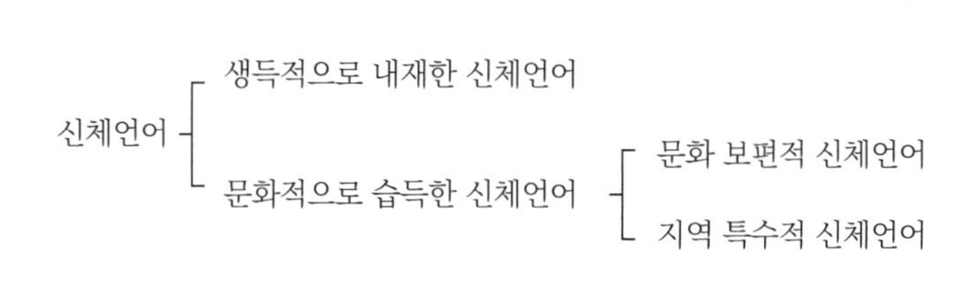

〈그림 2-1〉 신체언어의 분류

신체언어는 유전적으로 타고나서 인류에게 동일하다고 알려진 것이 있다. 또한 나고 자란 문화 환경에서 자연스럽게 익힌 신체언어의 경우에도 인류 문화 보편적인 것이 있다. 이렇게 생득적이거나 문화 보편적인 것은 외국어 교육의 내용이 될 필요가 없다.

한편, 신체언어 가운데 감정과 사고를 표현하려는 욕구는 문화 보편적으로 비롯하였지만 표현하는 조건인 대상, 장소, 시간 등과 표현하는 방식인 구체적 방법이나 정도 면에서 문화에 따라 다르게 규정된 것이 있다. 이는 지역적으로 특수한 신체언어이며 외국어 교육의 내용이 될 수 있다.

이상을 종합하여, 한국어 교육용 신체언어는 인류에게 유전적으로 내재된 신체언어와 한국 문화에서 나고 자라면서 습득되는 신체언어 가운데 인류 보

10) 여기서 의미 있는 차이를 지닌 특수한 신체언어는 이를 이해하지 못할 경우 이 지역 사람들과 대화하면서 오해와 갈등을 불러일으켜 의사소통의 실패를 유발할 가능성이 있는 신체언어를 의미한다.

11) 〈그림 2-1〉은 이론적인 분류로, 실제로는 모든 신체언어를 이렇게 명확하게 나누기는 어렵다. Morris(2002)의 지적대로 대부분의 동작은 생득적인 측면, 문화적으로 습득된 측면, 의식적으로 훈련된 측면 등이 다양하게 혼합되어 있다고 볼 수 있다. 예를 들어 다리 꼬기의 경우, 타고난 신체 구조에 의해 다리는 꼬아질 수 있으나 이의 구체적 방법과 사용할 수 있는 경우의 제한 등은 문화적으로 규정되어 지역에 따라 다르게 구현된다.

편적인 것을 제외한, 한국 문화권에서 특수하게 사용되면서[12] 교육적으로 적합한 신체언어라고 정의하고자 한다.[13]

2.2. 신체언어의 유형

한국어 교육을 위한 신체언어는 지역 특수적 신체언어로, 다시 말해 한국적인 특수성을 지닌 신체언어가 될 것이다. 한국어 교육에서는 한국인이 일상적으로 두루 사용하는 신체언어 가운데 외국인 학습자들이 쉽게 이해하는 동일하거나 유사한 것보다 차별적인 것을 우선적으로 다루어야 한다. 신체언어의 특수성은 비교 대상에 따라 상대적이므로 가려내기가 용이하지 않다. 하나의 신체언어 표현이 학습자가 나고 자란 국가에 따라 학습자의 신체언어와 동일하거나 유사할 수도 있고 이질적일 수도 있기 때문이다.

예를 들어 '엄지와 검지를 동그랗게 모아 올리다(돈)'의 표현이 한국과 일본에서는 '돈'을 의미하므로 일본인 학습자는 쉽게 이해하지만, 지역에 따라 이에 대해 'OK'(미국 등), 'Zero'(프랑스 등), '무가치'(프랑스 등), '욕'(남부 이탈리아와 그리스 지역 등) 등 전혀 다른 의미로 통용되기도 하므로 그 지역 출신의 학습자는 이에 대해서 의식적인 인지가 필요할 것이다.

그런데, 아직까지 한국을 비롯하여 국가별 신체언어의 목록화가 제대로 이루어지지 않았으므로 이를 모두 찾아 비교 정리하기란 거의 불가능하다. 따라서 한국적 신체언어를 찾기 위해 문화 보편적인 신체언어는 어떤 것이며 지역 특수적이라고 할 수 있는 신체언어는 무엇인지에 대한 기존 논의를 정리할 필요가 있다.[14] 보다 구체적인 논의를 위해 본서에서는 신체언어를 표

12) 신체언어의 한국적 특수성은 보편성과 대비되는 것으로 전 세계 보편이라고 볼 수 없으며 한국 문화가 주로 분포하는 국내외 지역인 한국 문화권에서 통용되는 차별적인 신체언어의 성질이라고 할 수 있다.

13) 일반적으로 교육 내용이 적합한지에 대한 준거는 교육 목표에 부합하는가, 개인과 사회의 요구를 반영하는가, 학문적인 특성을 반영하는가로 따져 볼 수 있다(민용성 2011).

14) '문화 보편성'과 '지역 특수성'은 본서에서 기준 설정을 위해 편의상 나눈 것으로, 극명하

현하는 수단인 자세, 몸짓, 표정, 응시, 접촉으로 나누어 인류 보편적인 측면과 문화 특수적인 측면을 중심으로 살펴보고자 한다.

(1) 자세

자세(posture)는 몸을 움직이거나 가누는 모양으로(표준국어대사전) 자세를 이루는 신체 각 부위의 동작과 이러한 동작들의 연속으로 이루어진다. 인간의 자세는 일반적으로 세 가지로 나뉘는데, 이는 서 있는 자세, 앉은 자세, 누운 자세이다(Argyle 1975).

자세는 사람의 전반적인 인상을 결정짓는 데 중요한 역할을 한다. 가까운 거리에서는 주로 사람의 얼굴이 시야에 들어오지만 떨어져 있으면 그 사람의 몸 전체가 만드는 자세가 가장 뚜렷하게 보이기 때문이다. 또한 자세는 상호 작용하는 사람들 간의 상대적 지위를 나타내는 중요한 역할을 하는데, 지위가 높은 사람은 느슷한 자세를 취하는 반면, 지위가 낮은 사람은 꼿꼿하고 긴장된 자세를 하는 것으로 나타났다(최윤희 1999). 또한 Goffman(1961)은 다양한 문화 집단에 대한 조사를 통해 겸양의 행동에는 몸을 숙여 절하기, 허리 낮추기, 무릎 꿇기, 얼굴 숙이기 등으로 신체를 낮춘다는 공통성을 확인하였다.

그러나 Birdwhistell(1970)의 언급처럼 신체의 동작이나 자세 그 자체에는 완전히 고정된 의미가 없다. 이는 배태된 문화적 규범에 맞게 해석되어야 한다. 예를 들면, 팔짱을 끼는 자세는 문화 보편적 해석으로는 상대방의 접근을 꺼리는 자기 방어의 심리상태를 나타낸다. 그러나 베트남에서는 팔짱 끼기가 어른에게 경청과 예의, 감사, 존경을 나타내는 정중한 자세이기도 하다(응웬 티 흥 2017). 또한 입식 문화인 지역은 오랫동안 가구를 사용해 앉거나 눕는 것이 익숙해져 있어서 좌식 문화 사람들과 달리 바닥에 앉거나 눕는 것을 불편해 한다. 이렇듯 모든 문화권에서 동일한 자세를 취하는 것은 아니며 동일한 자세에 대해서도 문화에 따라 다르게 해석되기도 한다.

게 구분될 수 있는 절대적인 개념이라기보다 한쪽으로 보다 기울어진 정도(degree)로 비교할 수 있는 상대적인 개념임을 밝혀둔다.

McGinley(1984)의 모델의 매력도 평가 설문에서 미국 대학생들은 자주 미소를 짓고 팔다리를 개방하는 자세를 취한 모델에게 높은 점수를 매긴 반면, 일본 대학생들은 미소를 덜 짓고 팔다리를 폐쇄하는 자세를 취한 모델에게 보다 후한 점수를 주었다. 이를 통해 서구 문화권 사람들은 대인관계에서 여러 가지 자세를 활발히 취하려는 것을 긍정적으로 여기고, 일본 등의 아시아 문화권은 자세에 의한 표현을 삼가는 것을 긍정적으로 여김을 알 수 있다고 하였다.

자세는 상호작용하는 동안 대화 참여자간의 관계와 태도를 나타내는 기본 기제의 역할을 하는데, 지역에 따라 각 자세에 부여되는 가치가 다를 수 있다. 따라서 한국어 교육에서는 한국에서 긍정적으로 인식되는 자세와 부정적으로 오해될 수 있는 자세를 교육 내용에 포함시킬 필요가 있다.

(2) 몸짓

몸짓(gesture)은 생각과 느낌을 전달하기 위해 신체 일부분이 움직이는 것을 의미한다(최윤희 1999). 신체 부위 가운데 활동성이 강한 팔과 손으로 이루어지는 움직임이 몸짓의 대부분을 차지하고 있으며 그 외에 얼굴, 머리, 몸통, 다리 등 다른 부위들이 사용되기도 한다(Knapp et al. 2014).

몸짓은 분류 기준에 따라 다양하게 나뉘어 연구되어 왔는데 이 가운데 대표적인 분류는 다음과 같다. 몸짓은 형성 원리를 기준으로 본능적 몸짓(instinctive gesture), 규칙에 의한 몸짓(coded gesture), 배워서 익힌 몸짓(acquired gesture)으로 나눠질 수 있다(Axtell 1998). 먼저, 본능적 몸짓은 인류에게 유전되어 내려온 천부적인 것으로 거의 무의식적으로 행해진다. 예를 들면 세계 어느 나라에 살든지 사람들은 인사를 할 때 무의식적으로 눈썹을 올리고 이마를 찡그리게 되는데 이는 상대에 대한 우호적인 신호이다(Morris 2002). 그 다음으로, 규칙에 의한 몸짓은 일정 집단에서 사전 약속으로 규정한 제스처이다. 대표적인 예로 주식 중개인, 심판 등이 행하는 신호체계나 수화가 있다. 마지막으로, 배워서 익힌 몸짓은 사회 문화적으로 규정되고 사회생활을 통해 자연스럽게 무의식적으로 학습되며 이의 실행 역시 대체로 무의식적으로 이루어진다. 배워서 익힌 몸짓은 사회 문화에서 오랜 세월을 거쳐 규정된 관습적인 것으로 특정 집단 구성원 사이에서는 보편적으로 이해되고 사용되지만, 다른 사회 집단과는 상이한 경우가 많다. 문화 간 원활한 의사소통을 목표로 두는 외국어 교육에서 중점적으로 다루어야 하는 영역이 바로 이 세 번째 유형인 배워서 익힌 몸짓 가운데 차별성이 드러나는 몸짓이 될 것이다.

몸짓을 분류한 또 다른 연구인 Knapp et al.(2014)에서는 몸짓을 발화와의 관련성에 따라 발화독립형(speech-independent)과 발화의존형(speech-dependent)으로 나누었다. 발화독립형 몸짓은 말없이도 이해할 수 있는 것으로 한두 개 어절로 구성된 언어로 해석이 가능한 비언어 행위이다. 예를 들면, '오후에 시간 있어?'라는 질문에 대한 반응으로 엄지, 검지를 둥글게 모아 올리는 손짓을 보이면 이는 '그래, 좋아.'라는 구두적 발화 없이도 긍정의 대답으로 해석될 수 있다. 발화의존형 몸짓은 발화에 직접 수반되거나 관련이 있는 움직임이다. 여기에는 가리키는 몸짓, 담화의 중요한 부분을 강조하는 몸짓, 반응 도출 몸짓, 말 순서를 보여주는 몸짓 등이 속한다.

한국어 교육을 위한 신체언어는 구두 언어를 대체하여 의미를 전달할 수 있는 발화독립형을 먼저 다루어야 할 것이다. 예를 들어, 한국인 화자가 아무 말 없이 엄지, 검지를 동그랗게 모아 올리면서 '돈이 부족해. 좀 있어?'라는 뜻을 전달하고자 하는데 외국인 상대방이 그 의미가 '돈'이라는 것을 인지하고 있지 않다면 제대로 의미 전달이 되지 않아 의사소통에 실패할 것이다. 따라서 발화 독립형인 신체언어 가운데 특별히 지역적으로 특수하여 학습자 문화의 신체언어와 기표 또는 기의가 서로 달라 오해와 갈등이 유발될 소지가 있는 몸짓을 교육적으로 우선시할 필요가 있다.

이상을 정리하면, 강한 활동성을 지닌 몸짓은 신체언어의 대표적인 유형으로 꼽힌다. 문화 간 의사소통 교육을 위해서는 몸짓의 여러 가지 유형 가운데 배워서 익힌 몸짓이면서 발화 독립적이고 문화 특수적인 표현에 주목을 해야 할 것이다.

(3) 표정

표정은 마음속에 품은 감정이나 정서 등의 심리 상태를 얼굴로 드러내거나 심리 상태가 드러난 모습으로(표준국어대사전) 의사소통에서 음성언어 다음으로 중요한 수단으로 인식된다(Knapp et al. 2014). 이는 얼굴이 지닌 가시성(visibility) 때문이다. 얼굴이 전달하는 메시지에는 주로 자신의 감정 상태 및 상대방에 대한 태도의 표현과 상대방의 말에 대한 자신의 피드백이 포함된다.

Darwin(1872)는 실험을 통해 인간의 표정이 뇌와 골격과 마찬가지로 진화의 산물이며 이는 선천적이고 인류 보편적이라고 주장하였다. 이후 Ekman(1982)는 얼굴 움직임에 대한 체계를 마련하여 다윈의 주장 가운데 일부분을 뒷받침하였다.[15] 이 연구에 의하면 기쁨, 슬픔, 분노, 놀라움, 두려움, 혐오, 경멸 등의 기본 감정은 문화권과 상관없이 어디에서든 유사한 방식으로 표정에 나타난다고 한다.

그러나 표정으로 감정을 언제, 어떻게, 어느 정도 표현하느냐에 대해서는 문화적으로 규정되어 있으며 사람들은 이를 자연스럽게 학습하고 따르게 된다(Matsumoto & Hwang 2012). 이는 자신과 동일하거나 유사한 문화권 사람들의 표정을 타문화권 사람들의 표정보다 더 정확하게 인식한다는 연구 결과에서도 알 수 있다(Elfenbein & Ambady 2003). 표정을 판별하는 검사에서 유럽인들과 아시아인들은 표정을 살피는 방법에서 서로 차이를 보였다. 유럽인들은 눈과 입 주위를 모두 살펴보는 것에 비해 아시아인은 주로 눈에만 집중하였다. 검사 결과로 자신과 같은 인종의 표정을 인식하는 비율이 다른 인종의 표정 인식의 경우보다 상대적으로 높은 것으로 나왔다. 이를 통해 동일한 감정을 표현한다고 할지라도 주로 움직이는 부위나 정도와 같은 구체적인 방법에 관해서는 문화에 따라 상이함을 알 수 있다.

이는 동서양에서 주로 사용하는 이모티콘에서도 차이가 있음을 알 수 있

15) Ekman(1982)는 얼굴 근육의 관찰을 통해 표정을 분석하는 방법(얼굴활동코딩체계: Facial Action Coding System, FACS)을 개발하여 인류 보편적인 표정을 찾는 데 공헌하였다.

다.[16] 서양인들은 감정의 변화를 나타내기 위해 눈 모양은 그대로 두고 주로 입모양의 변화로 나타낸다. 이와는 반대로, 동양인들은 기쁨, 슬픔, 놀람 등의 다양한 감정을 표현할 때 입 모양은 그대로 두거나 표현하지 않고 눈 모양의 변화를 중심으로 나타낸다(김경지 2011). 이를 통해 동양인들이 표정을 지을 때 서양인만큼 입 주위를 많이 움직이지 않는 경우가 많음을 알 수 있다.[17]

이상을 정리하면, 기본적인 감정을 느낄 때 사용되는 얼굴의 근육 사용에는 유전적으로 내재화된 인류 공통성이 있다. 그러나 이를 표현할 수 있는 사회적 상황, 표현할 경우 근육을 사용하는 부위와 정도 등은 사회 문화적으로 규정된다고 할 수 있다.

(4) 응시

응시(gaze)란 눈길을 모아 한곳을 똑바로 바라보는 행위로(표준국어대사전) 정보를 수집하는 주된 기능이 있지만 또한 자신을 표현하는 수단이 되기도 한다. 눈은 신체 부분 가운데 가장 민감한 뉘앙스를 전달할 수 있다. 인간은 특별히 눈의 흰자위가 발달되어 있어 멀리서도 시선의 움직임을 알 수 있다. 따라서 검은자위와 흰자위의 미묘한 움직임으로 다양한 메시지를 전달하게 된다. 응시를 통해 인간은 감정을 표현할 뿐 아니라 의사소통 참여자 간의 성격을 반영하며 소통의 흐름을 조절한다(김우룡·김해영 2014).

일반적으로 응시가 과잉되거나 과소인 경우에 문화와 상관없이 대부분 비슷한 의미를 지닌다. 지나치게 많은 눈길은 대체로 애정 외에도 분노, 위협, 경멸을 의미할 수 있고 반대로 지나치게 적은 눈길은 불성실, 부주의, 수줍음 등을 의미한다(최윤희 1999). 그러나 문화에 따라 응시 행위의 패턴에 차이가 있다. 상대방을 얼마나 자주, 오랫동안 쳐다보는가는 문화에 의해 규정된다. 응시의 길이는 일반적으로 서양인이 동양인보다 훨씬 길다고 한다. 서양

---

16) 이모티콘(emoticon)은 컴퓨터나 휴대 전화 등의 문자, 기호, 숫자 등을 조합하여 만든 그림 문자로 감정이나 느낌을 전달할 때 사용한다(표준국어대사전).

17) 김진웅(1989)에 의하면 한국인은 상대방과의 친소관계에 따라 표정이 달라진다. 특히 외집단, 곧 자신이 속한 내집단이 아닌 사람에게는 무표정하게 의사소통을 하는 편이다.

인과 동양인이 눈을 마주보며 이야기를 나눌 때 서로의 응시 패턴에 대한 문화적 이해가 없다면 서양인은 동양 사람들이 대화할 의지가 별로 없다고 느낄 수 있고 동양인은 서양 사람들이 자신을 뚫어지게 쳐다본다는 오해를 할 가능성이 있다. 또한 아시아나 남미에서는 자신의 잘못에 대해 질책을 받을 때 상대방의 시선을 피해 아래쪽으로 내리고 있어야 한다. 하지만 미국에서는 이와 같은 경우에 시선을 내리면 반항이나 무시의 의미로 오해받을 수 있다(Remland 2000).

홍희광(1994)에서도 한국인 대상 설문 조사를 통해 한국인들이 대체로 상대방의 눈을 보면서 대화하는 것은 예의에 어긋나거나 도전적 의미를 주며, 특히 윗사람에게 꾸중을 들을 때는 시선을 내리며 거의 상대의 눈을 응시할 수 없다고 하였다.[18)]

이상을 정리하자면, 응시에는 인류 보편적으로 체감할 수 있는 적절한 정도가 있다. 그러나 응시의 횟수나 길이 등의 구체적인 실현 방법에 있어서는 문화에 따라 다르게 규정되는데 특히 윗사람에 대한 응시 방법은 문화에 따라 해석의 차이가 많다고 할 수 있다.

(5) 접촉

신체 접촉은 인간과 인간의 신체가 서로 맞닿는 행위로(표준국어대사전) 타인의 신체에 대해 직접적인 영향을 주며 다른 신체언어에 비해서 대인 간 상호작용에서 현저히 드러나는 행위이다. 따라서 접촉은 상대방에게 긍정적이든 부정적이든 강한 반응을 이끌어 낸다(Jandt 2001).

Wainwright(1985)는 신체 접촉의 형태를 목적에 따라 분류하였는데, 이는 인사(악수, 껴안기, 볼키스)와 손뼉이나 주먹 마주치기 등의 사교적 접촉, 의사의 진료, 미용사의 손님 머리 자르기 등의 직업적 접촉, 어깨 감싸기, 팔

18) 나은영·차유리(2010), 한민 외(2012)의 심리 측정 결과에서 나타난 바와 같이 시대에 따라 가치 인식이 변화한다고 볼 수 있다. 따라서 가치 인식의 변화에 따라 한국인의 신체언어 양상에도 변화가 있는지 살펴볼 필요가 있다. 이에 본서는 3장 신체언어 설문 조사에 학습자뿐 아니라 한국인 모어 화자도 포함하여 현 시점의 신체언어 사용 양상을 파악하고자 하였다.

짱 끼기, 손잡기, 포옹 등의 감정적 접촉, 상대의 볼을 꼬집거나 살짝 때리는 등의 모방 공격적 접촉 등이다. 일상적인 의사소통에 중점을 두는 외국어 교육에서는 직업적 접촉은 다루지 않게 된다.

접촉 행위의 대부분에 대해 인간이 공통적으로 느끼는 의미를 보면 보편적이라고 할 수 있지만, 누가, 누구와, 언제, 어디서, 어느 정도로 접촉하느냐는 그 지역의 규범을 따르게 된다. 또한 신체의 각 부위는 사회적으로 규정된 의미를 함축하고 있다. 접촉할 수 있는 부위와 접촉 방식 등은 각 사회 구성원들이 상호 약속한 관습에 의해 제한된다(McDaniel & Anderson 1998, DiBiase & Gunnoe 2004, Knapp et al. 2014 재인용).

한국인의 신체적 접촉 형태는 비교적 억제형이라고 할 수 있는데, 이는 자신의 감정을 겉으로 표현하기보다 마음속에 간직하는 것을 바람직하게 여기는 전통적 가치가 반영된 것이다.[19] 이성 간의 공개적 접촉에 대해서 사회적으로 엄격한 편인데 비해 동성 간의 우정을 표현하는 접촉은 자연스럽게 인정한다. 한국 여성들이 손을 잡거나 서로 팔짱을 끼고 거리를 다니는 모습은 한국인들에게는 자연스러운 친구 사이로 보이는데 비해 서양인들에게는 동성애자로 오해될 수 있다.

접촉은 다른 신체언어와 마찬가지로 지역에 따라 관습적으로 행해지는 방식에서 상이한 부분이 있다. 타인의 신체에 직접적인 영향을 주므로 언어와 문화 간 소통을 위해서는 지역에 따른 접촉의 규범에 대해 인지해야 한다.

이상과 같이, 한국어 교육용 신체언어를 선별할 수 있는 특수성 기준의 토대를 마련하고자 신체언어를 자세, 몸짓, 표정, 응시, 접촉 측면에서 보편성과 특수성에 관한 논의를 통해 살펴보았다. 신체언어에는 인류 기본적인 표현 욕구에서 비롯된 보편적인 측면과, 이를 표현하는 구체적인 양식에서 지역에 따라 차이를 보이는 특수한 측면이 있다. 타문화의 특수한 신체언어를 접했을 때 이를 그 문화에서 통용되는 의미를 모른 채 자신의 신체언어로만 해석한다면 의사소통에서 오해와 갈등이 발생할 수 있다. 따라서 한국 문화

---

19) Hall(1976)에 의하면 한국을 포함한 동북 아시아 지역은 상대적으로 신체 접촉의 양과 정도가 적은 문화권에 속한다.

권에서 특수하게 나타나는 신체언어를 적절히 선별하여 교육할 필요가 있다.

2.3. 신체언어의 기능

의사소통을 목적으로 하는 한국어 교육에서는 언어 형태보다는 언어 사용에 교수·학습의 강조점을 둔다. 언어 사용이란 곧 기능(function)으로 의사소통에서 달성하려는 구체적인 것이다(Halliday 1973). 예를 들면 인사하기, 질문하기, 요구하기, 거절하기 등을 말한다.

한국어 교육에서 적합한 신체언어는 음성언어와 마찬가지로 생각과 뜻을 주고받는 의사소통 기능을 담당하는 표현이어야 한다. 이를 위해 신체언어의 기능은 무엇인지에 대한 논의가 먼저 선행되어야 할 필요가 있다. 이는 신체언어와 음성언어가 담당하는 주된 기능이 반드시 일치하지는 않는다는 논의가 있기 때문이다.

먼저 음성언어의 기능을 살펴보기로 한다. Van Ek & Alexander(1980)은 의사소통의 기능을 사실적 정보 주고받기, 지적 태도의 표현, 설득하기, 정서의 표현, 도덕적 태도의 표현, 사교적 활동하기로 분류하였다. 『표준교육과정』[20]은 한국어 등급별 목표 기술을 위해 기능을 중요한 범주로 다루고 있다. 『표준교육과정』은 의사소통을 위한 한국어의 기능을 정보 요청하기와 설득하기와 권고하기, 태도 표현하기, 감정 표현하기, 사교 활동하기, 담화 구성하기로 나누어 제시하였다. 그런데 이는 모두 음성언어를 중심으로 기능을 분류한 것이다. 이를 보면 말과 글을 통해 명확하게 정보를 전달하거나 상대

20) 국립국어원은 한국어 교육과정의 표준화를 마련하여 한국어 교육의 현장과 연구 영역에서 참조 기준으로 활용될 수 있도록 『국제 통용 한국어 교육 표준 모형』을 개발하였다(『국제 통용 한국어 교육 표준 모형 개발』(2010), 『국제 통용 한국어 교육 표준 모형 개발 2단계』(2011)). 이후 현장의 변화를 반영하고 활용성을 제고하고자 이의 보완 연구를 두 차례 수행하였다(『국제 통용 한국어 표준 교육과정 활용 점검 및 보완 연구』(2016), 『국제 통용 한국어 표준 교육과정 적용 연구』(2018)). 본서에서는 이 연구물들을 『표준교육과정』으로 통칭하고 연구 내용에 변화가 있는 경우 해당연도와 쪽수를 병기하여 인용한다.

방의 행동을 유발하는 설득하기 등에 주된 초점을 두고 있다.

다음은 신체언어의 기능을 살펴보기로 한다. 먼저, 신체언어의 기능을 음성언어와의 연관성 측면에서 분석한 연구들이 있다. 이에 의하면 신체언어는 음성언어적 메시지에 대해 반복(repeating), 불일치(conflicting), 대체(substituting), 강조(accenting) 및 완화(moderating), 조절(regulating) 등의 기능을 수행한다(Ekman 1965, Knapp et al. 2014에서 재인용). 이는 음성언어를 중심으로 둔 시각이다.

반면 신체언어의 기능을 독립적으로 다루는 시각에서 이루어진 연구들이 있다. Burgoon & Guerrero(1994)는 의사소통의 메시지를 크게 지식과 아이디어 중심의 내용 메시지와 청·화자 사이의 관계 성격을 규정하는 관계 메시지로 나누었다. 내용 메시지에 관해서는 음성언어가, 관계 메시지에 관해서는 신체언어가 보다 효과적인 역할을 담당한다고 하였다. Knapp et al.(2014)에 의하면, 신체언어는 친밀감을 나타내거나 상하 지위 관계를 드러내고 상호작용을 관리하거나 자신의 정체성을 드러내는 기능을 주로 담당한다.

최윤희(1999)에서도 신체언어의 기능으로 메시지의 생산과 처리 외에도 인상의 형성과 관리, 관계의 표현, 감정의 표현, 사회적 영향력의 행사 등을 꼽았다. 김영순(2007)은 의사소통을 정보의 전달로 보고 정보를 다시 인지적 정보와 비인지적 정보로 나누었다. 이 가운데 비인지적 정보를 태도, 감정, 관계에 관련된 내용으로 보고 이의 전달에는 음성언어보다 신체언어의 역할이 더 크다고 하였다. 이승환(1997)은 특히 한국의 신체언어는 정보 전달의 기능보다는 공동체 내에서 유대감을 공고히 하기 위해 실행된다고 논하였다. 이는 한국의 신체언어가 공동체 내의 예절을 구현하며 기존의 체계와 신념을 공고히 하는 목적을 위해 표현된다는 것이다.

이상의 논의를 정리하여 보이자면 〈그림 2-2〉와 같다.

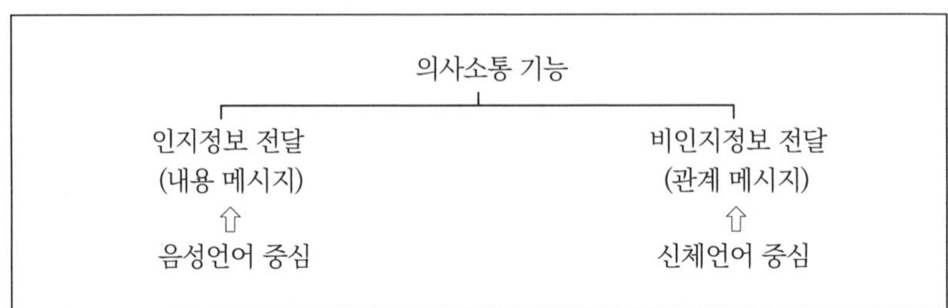

〈그림 2-2〉 음성언어와 신체언어의 의사소통 기능

한편, 신체언어의 주된 의사소통 기능인 관계 메시지 전달에서 공손성을 중요한 특질로 논의할 필요가 있다. 모든 언어에는 상호작용에서 상황과 상대방에 따라 예의규범에 차이가 있는데 특히 한국어는 그 체계가 복잡한 편이며 음성언어와 신체언어 모두에서 뚜렷하게 드러나기 때문이다(성광수·김성도 2001, 박영순 2006, 윤상석 2016).

'공손하다'는 사전적으로 '말이나 행동이 겸손하고 예의 바르다'는 의미이다(표준국어대사전). 언어학에서 공손성 개념의 대표적인 논의로는 다음과 같다. Brown & Levinson(1978, 1987)은 체면(face)을 공적인 자기 이미지라고 정의내리고 타인에게서 인정받고자 하는 적극적 체면(positive face)과 강요받는 것을 원치 않는 소극적 체면(negative face)으로 구분하였다. 이러한 체면을 유지하고 관리하는 전략을 공손성(politeness)이라고 하였다. Lakoff(1990)는 공손성을 상호작용의 갈등과 대립의 가능성을 최소화하고 상호작용을 촉진하기 위한 대인관계의 체계라고 하였다. 이를 정리하면 공손성(politeness)이란 언어에 드러나는 예절이며(박영순 2006), 구체적으로 체면을 유지 및 강화하거나 체면 위협을 완화하는 전략적인 행위로 볼 수 있다(Yule 1996, Leech 2007, 정미진 2014).

1970~80년대 공손성 논의는 인류 보편적인 시각에서 대두되었고(Lakoff 1973, Leech 1983, Brown & Levinson 1978, 1987) 점차 공손성이 언어와 문화에 따라 다르게 실현된다는 논의가 이루어졌다. Mastumoto(1988),

Gu(1990), Mao(1994), Chun(2009)는 일본, 중국, 한국과 같이 집단주의가 강한 문화권에서는 개인주의 문화권과는 다르게 공손 실현 양상이 현저히 나타남을 논의하였다.[21] 따라서 공손성에 대한 기본 원리는 인류 보편적이라고 할 수 있지만 공손성이 실현되는 양상은 해당 문화권의 가치 성향에 따라 다르다고 볼 수 있다.

공손성은 상호작용을 할 때 상하 지위 및 친소 관계, 또는 상황의 격식 정도에 따라 실현 양상이 다르게 나타난다. 이러한 양상은 언어적 또는 비언어적 방법으로 실현된다(박영순 2006). 한국어에는 공손성을 표현하기 위해서 음운, 문법, 어휘, 화용 측면에서 비교적 다양한 방법이 사용된다(문금현 2017). 한국 신체언어 역시 공손성의 실현을 위해 음성언어와 연동하여 같이 변화할 수 있다. 이의 예는 다음과 같다.

(1) 선생님, 그동안 안녕하셨어요? (두 손을 앞으로 모으고 고개와 상체를 굽힌다.)
(2) 철수야, 그동안 잘 지냈어? (한 손을 내밀어 악수한다.)

위의 인사의 경우와 같이, 화·청자의 관계에 따라 음성언어에서 존대 표현이 달라지는 것과 마찬가지로 신체언어도 이에 상응하여 (1)의 경우와 같이 고개를 숙여야 할 수도 있고 (2)의 경우와 같이 한 손을 내밀어 악수를 할 수도 있다.

반면 다른 언어 문화에서는 음성언어의 존대 표현이 달라진다고 반드시 신체언어도 공손성의 표현이 달라지는 것은 아니다. 이의 예는 다음과 같다.

(3) Professor Kim, How have you been doing?(shaking hands with one hand)

---

21) 이의 예로, 중국어에서 초대와 이에 대한 몇 번의 거절 교환이 중국에서는 당연히 기대되는 공손한 표현 양식이며 Brown & Levinson(1978, 1987)에서 다루는 체면 위협이라고 볼 수 없다(Gu 1990, Mao 1994).

선생님, 그동안 안녕하셨어요?(한 손으로 악수한다)

(4) Hey, Cheol-su, what's up?(shaking hands with one hand)

철수야, 그동안 잘 지냈어?(한 손으로 악수한다)

(3), (4)와 같이 영어의 경우 화·청자의 관계에 따라 음성언어에서는 존대 표현이 달라지는 반면, 신체언어는 동일하게 한 손으로 악수할 수 있다.

이처럼 한국 신체언어는 음성언어와 마찬가지로 한국어의 공손체계에 따라 다르게 표현된다고 할 수 있다. 반면, 영어의 경우 음성언어에서는 공손성이 차별적으로 나타나기도 하지만 신체언어에서는 이에 반드시 연동하여 변하지는 않는다. 따라서 다른 언어의 경우, 존대의 정도에 따라 음성언어 표현은 한국어와 마찬가지로 달라지더라도 위 예문의 경우와 같이 신체언어가 항상 상응하여 달라지는 것은 아니라고 할 수 있다(박영순 2006).

학습자는 모국의 음성언어가 지닌 공손체계가 한국어만큼 복잡하지 않은 경우 이를 어렵게 느낄 수 있을 것이다. 이와 마찬가지로 학습자는 존대의 정도에 따라 달라지는 한국 신체언어의 공손 표현 또한 어렵게 느낄 수 있을 것이다. 그러므로 음성언어의 공손체계에 따라 달라지는 신체언어 공손 표현에 대한 이해와 사용 교육이 필요하다고 할 수 있다.

특히 한국은 유교적 예(禮)를 중시하는 전통이 있으며[22] 의사소통에서도 예의 적극적 실천이 강조되어 왔는데 이는 주로 음성언어보다는 신체언어로 표현되는 것이라고 할 수 있다(박정향 1993, 이승환 1997). 특별히 예의 표현 가운데 위계가 다른 관계에서 윗사람에 대한 존경과 자신에 대한 겸양을 드러내는 신체적 표현을 강조한다(성광수·김성도 2001, 주명애 2010).

만약 한국어 학습자들이 격식적인 자리에서나 윗사람 앞에서 신체언어의 공손성을 위배했을 경우, 예의를 모르는 무례한 사람으로 인식되어 관계 자체가 유지되기 어려울 수도 있다. 따라서 이들을 위해 한국적 공손성을 드러내는 신체언어를 구체적으로 밝혀둘 필요가 있다.

---

22) 조선시대 국교였던 유교는 아직까지 제사 풍습을 따르고 효와 위계질서를 중시하는 등 한국인의 생활윤리에 많은 영향을 준다고 할 수 있다(이선이 2007:101-102).

이상과 같이 공손성은 모든 음성언어와 신체언어에서 나타나는 기본 원리이지만 나타나는 조건과 구체적 표현 및 정도 등 구현되는 방식에서 언어 문화에 따라 차이가 있다. 공손성은 원만한 인간관계를 위한 언어 예절로서 한국 문화에서 특히 중요하게 여겨진다. 따라서 한국인과의 원활한 의사소통을 위해서 외국인 학습자들은 한국 음성언어의 공손체계를 익혀야 하듯이 한국 신체언어의 공손체계에 관해서 의식적으로 인지해야 한다.

신체언어의 기능에 대한 논의를 정리하면 다음과 같다. 신체언어는 상대방과의 관계를 표현함으로써 공동체 내에서 대인관계를 원만히 하기 위한 기능을 중점적으로 담당한다고 할 수 있다. 음성언어와 신체언어가 수행하는 기능은 동일하다기보다 상호 보완적이며 중심 기능에서 차이가 있다. 그러므로 한국어 교육용 신체언어를 선정하고 조직하는 과정에서 이의 주된 의사소통 기능에 보다 중점을 두어야 할 필요가 있다. 이에 따라 『표준교육과정』에서 정리된 언어의 기능 분류를 신체언어의 주된 기능을 중심으로 다시 배열할 수 있다. 이는 사교 활동 기능, 태도 표현 기능, 감정 표현 기능, 요청 및 청유 기능, 정보 전달 기능이다. 신체언어의 주된 기능인 사교 활동을 가장 먼저 내세우고 상대적으로 역할이 적은 정보 전달 기능을 마지막에 배치한 것이다.[23] 이러한 기능 분류를 통해 기존 한국어 교육에 신체언어를 보다 쉽게 적용할 수 있을 것이다.

23) 『표준교육과정』에서 제시된 기능 가운데 설득하기와 권고하기 및 담화 구성하기는 본서 3장 목록 설정의 결과, 이에 해당하며 한국적 특수성을 보이는 신체언어를 찾기 어려워 기능 항목에서 제외하기로 하였다.

3

신체언어 목록의 설정

이 장에서는 앞선 논의를 바탕으로 한국어 교육에 적합한 신체언어의 목록을 작성하고자 한다.[24] 먼저, 한국어 교육을 위한 신체언어 선정 기준을 마련한다. 이 기준을 토대로 이제까지 수집된 신체언어를 검토하고 전문가 조사를 실시하여 1차 항목을 선정한다. 선정된 항목에 대해 학습자 설문 조사를 실시하여 학습자의 인지수준에 맞는 항목을 추출한다. 마지막으로, 추출한 2차 항목을 중심으로 최종 목록을 설정한다.

3.1. 신체언어 선정의 기준

이제까지 한국 신체언어를 목록화 하면서 선정 기준을 제시한 연구가 있는데 다음과 같다. 김영순(2000)은 외국인 학습자를 위한 한국의 기초 손동작을 선정하기 위해 다음과 같은 기준을 제시하였다.

- 한국만이 갖는 독특한 손짓이어야 한다.
- 일상에서 사용하는 빈도가 높아야 한다.
- 인지를 못할 경우 생활에 불편함을 초래하는 것이어야 한다.
- 정확히 인지를 못할 경우 문화갈등이 발생할 수 있는 것이어야 한다.

이는 신체언어 가운데 손과 팔 동작을 중심으로 한 연구이다. 그러나 제안된 선정 기준을 보면 독특성, 고빈도성, 생활 필수성, 문화 차별성으로 전체 신체언어의 선정에도 적용이 가능하다고 보인다.

조현용(2007)은 신체언어에 대한 기준 가운데 현재성을 강조하였다. 이는 현재 일반적인 한국인 모어 화자들이 이해하거나 사용 가능한 행위여야 하고

24) 교육 내용의 설정에는 교육적 적합성이라는 대기준 하에 내용의 타당성을 확인하고 학습자의 수준과 요구를 반영해야 한다(홍후조 2011).

과거에는 사용되었어도 현재 사용 빈도가 현격히 떨어지는 행위는 제외시켜야 한다는 것이다. 또한 일정 직업군이나 특수 집단 등이 사용하는 특별한 목적을 위한 행위 역시 제외되어야 한다고 하였다. 한국어 학습자들이 배우는 한국어가 현대 표준어이듯이, 한국의 신체언어 역시 오늘날 두루 쓰이는 것이어야 하므로, 이 기준도 타당하다고 할 수 있다.

또한 선행 연구들은 한국어 교육용 신체언어를 분류하여 제시하는 기준으로서 의사소통의 기능을 중심으로 삼고 있다(윤애선 1998, 김영순 2000;2001, 권종분 2006, 조현용 2007, 허지애 2010, 김경지 2011, 강소영 2017). 신체언어의 기능별 분류에 대해서는 연구자에 따라 차이가 있으며 아직 합의에 이르지 못한 것으로 보인다. 그러나 이 연구들을 통해 의사소통을 원활히 하기 위한 한국어 교육에서 신체언어가 의사소통 기능을 담당하는지의 여부가 우선적으로 중요한 기준임을 알 수 있다. 특히 2.3.의 논의대로 신체언어가 중심적으로 담당하는 대인 관계와 관련된 기능에 주목할 필요가 있을 것이다.

선정을 위해 또 고려해야 하는 기준으로 공손성을 들 수 있는데 이는 2장의 논의를 바탕으로 본서에서 새롭게 설정한 기준이다. 공손성은 인류 보편적인 언어의 특질 가운데 하나이지만 나타나는 방식은 언어 문화에 따라 다르다. 특히 한국에서는 말과 행동에서 예의를 중시하는 전통의 영향으로 공손성은 음성언어와 신체언어에서 모두 강조되어 왔다. 한국의 신체언어는 상황과 상대방과의 관계에 따라 공손성을 표현하는 방식이 상이하고 복잡한 편이다. 만약 학습자가 이를 제대로 인지하지 못하면 한국인과의 의사소통 순간에만 문제가 있는 것이 아니라 무례하다는 오해가 생겨 관계 자체가 와해될 소지가 있을 수 있다.

그러나 공손성은 상술된 다른 4개 기준과는 다르다. 한국적으로 특수한가, 일상에서 쓰이는가, 현재에 사용되는가, 소통의 기능을 하는가 하는 기준들은 여부에 따라서 선정에 가름이 가능하나 공손성 기준은 그러하지 않다. 공손성이 있느냐 없느냐라는 여부로 신체언어를 선정하는 것이 아니라 위의 네 가지 기준에 합당한 신체언어 가운데 상황맥락에 따라 공손성에 차이를 나타내느냐로 따로 구분지어, 차이가 있는 경우에는 해당 개별 항목으로 선정할 필요가 있다. 예를 들어, 인사하기 기능을 나타내는 신체언어의 경우 상황과 상대방에 따라 '고개 숙이기', '두 손으로 악수하기', '한 손으로 악수하기', '손 좌우로 흔들기' 등으로 나누어질 수 있다.

또한 공손성을 드러내는 상황에서 적합하지 않은 자세나 행동 등이 있는데 학습자의 문화권에 따라서는 적합한 것으로 수용되는 경우가 있다. 만약 학습자가 이의 차이를 의식적으로 인지하지 않으면 만남의 과정에서 예의가 없는 사람이라는 오인을 받으며 이로 인해 원만한 대인관계가 어려울 것이다. 예를 들어 학습자가 한국 어른 앞에서 '다리를 꼬아 앉'는 자세를 한다거나 '한 손으로 물건을 전달'하는 행동을 한다면 이는 적절한 예의를 갖추었다고 보기 어렵다. 따라서 한국에서 특별히 불공손하다고 여겨지는 신체언어 또한 주의해야 하는 항목으로서 교육 내용에 포함시킬 필요가 있다.

이상과 같이 기존 연구와 2장의 논의를 바탕으로 한국어 교육을 위한 신체언어를 선별하는 기준으로 한국적 특수성, 일상성, 현재성, 의사소통 기능성, 그리고 하위 기준으로 공손성을 설정하였다. 이를 다음과 같이 정리하여 제시하고자 한다.

첫째, 한국적 특수성을 띠는 신체언어여야 한다. 이는 선별하는 1차 기준이 될 수 있다. 수많은 신체언어 가운데 대부분은 생득적이거나 문화 보편적이므로 문화 특수성 기준을 통하여 많은 표현들을 걸러낼 수 있다.[25] 신체언어 가운데 생득적인 것이 아닌 문화적으로 습득한 것이어야 한다. 그 다음, 문화적인 것 가운데에서 대부분의 언어문화에서 사용되는 보편적인 것보다는 한국 및 일부 다른 지역에서만 사용되는[26] 보다 차별적인 신체언어를 선별해야 한다.

둘째, 일상성을 띠는 신체언어로 곧 한국인들이 일상 생활에서 널리 사용되는 신체언어여야 한다. 가정, 학교, 직장, 길거리, 교통, 쇼핑, 여행 등 일상

25) 2.2.에서 논의된 보편성과 특수성에 관한 연구 결과들이 특수한 신체언어를 가려내는 준거가 될 수 있다.

26) 인접 국가들과 오랜 기간 교류의 역사를 지닌 한국에서 유일무이한 신체언어를 찾기는 쉽지 않다고 본다(최윤희 1999).

에서 흔히 사용될 수 있는 것이어야 한다. 이는 일반 목적을 위한 한국어 교육에서 다루는 범주와 일치한다. 이는 한국 성인이라면 대부분 이해하고 사용하기도 하는 신체언어로서[27] 성별, 직업, 지역, 기타 하위 문화 집단에서 차별적으로 사용되는 신체언어는 다루지 않는다.

셋째, 현재성을 띠는 신체언어로 과거가 아닌 현재[28]에 주로 사용해야 한다. 시대에 따라 사회문화적 환경이 바뀌고 말도 변화하듯이 신체언어 역시 고정되어 있지 않고 끊임없이 변화한다. 예를 들면, 아날로그 전화기를 주로 사용하던 시절에 전화를 표상하는 신체언어는 '수화기 손잡이를 잡듯 주먹을 쥐고 귀에 갖다 대다'였다(윤애선 1998). 이는 대부분의 지역에서 디지털 휴대 전화를 사용하는 지금은 거의 사용하지 않게 되었다. 이를 대신하여 전화를 표상하기 위해 '엄지와 새끼손가락을 펼쳐 귀에 갖다 대는' 동작이 생기게 되었고 이는 한국에서도 사용되고 있다.

한국어 학습자들의 실제 삶에 적용하기 위해서 현재에 사용되는 한국어가 교육되듯이 이들에게 신체언어 역시 현재 사용되는 부호여야 한다. 여기서 연령에 대한 고려가 더해질 필요가 있다. 현재 일반목적 한국어 교육의 주된 수요층이 20~30대 학습자가 대부분이다.[29] 따라서 본서에서는 이들이 가장 많이 소통하는 것으로 보이는 연령층을 감안하여 한국인 모어 화자 가운데 20대에서 40대가 구사하는 신체언어를 중심으로 논의하고자 한다.[30]

넷째, 의사소통 기능을 하는 신체언어여야 한다. 한국 신체언어를 교육하는 이유가 소통에서의 오해와 갈등을 최소화하고 보다 원활한 의사소통이 되

---

27) Knapp(2014)에서는 그 문화에서 통용된다고 인정할 수 있는 기준을 70% 정도의 사람들이 이해하고 사용하는 정도로 보았다.

28) 현재는 시간의 흐름에 따라 의미가 변할 수밖에 없다. 여기서는 2019년 현 시점에서 당대를 의미한다.

29) 국내 체류 외국인(2,180,498명) 가운데 20대가 573,428명(26.3%), 30대가 561,355명(25.7%)으로 전체의 절반 이상(52.0%)을 차지하고 있다.
(http://kosis.kr/statHtml/statHtml.do?orgId=111&tblId=DT_1B040A6, (법무부, 체류외국인 통계, 2018년 8월 16일 기준)

30) 이는 세대차를 고려한 것으로 20·30대 학습자와 유사한 연령대 및 그들이 자주 접하는 한국인 세대를 상정한 것이다.

도록 하고자 함이다. 2.3.에서 언급하였듯이, 신체언어의 주된 기능이 대화자 간의 관계 메시지를 주고받으며 공동체의 유대감을 공고히 하는 데 있으므로 이에 초점을 두어야 한다.

다섯째, 공손성에 차이가 있는 신체언어들을 포함해야 한다. 한국의 신체언어는 음성언어와 마찬가지로 상호 작용하는 상황 맥락과 대상에 따라 공손성에 차이가 있다. 일반적으로, 공적인 관계나 처음 만나는 자리에서나 윗사람[31]에게 대하는 공손한 신체언어에 보다 유의해야 한다. 또한 이러한 공손성을 드러내는 상황에서 한국에서는 적합하지 않은 자세나 행동 등이 있으므로 이 역시 교육 내용에 포함시켜 유의하도록 할 필요가 있다.

3.2. 문헌 검토와 전문가 조사에 의한 1차 선정

3.2.1. 선정 방법 및 절차

본서는 기존에 시도된 한국 신체언어 목록을 검토하고 이에 대해 교육 전문가들로 하여금 한국어 교육에서의 적합성에 대해 판정하도록 하는 조사를 거쳐 한국어 교육용 신체언어를 1차로 선정할 것이다.

먼저 문헌을 검토해 본다. 교육을 목적으로 한국 신체언어를 수집한 기존 연구를 살펴보면, 국내 연구 5편과 국외 연구 1편이 있다. 이 목록들은 선정 기준이 제시되지 않거나 모호하여 다시 점검할 필요가 있어 보인다. 또한 현행 한국어 교재에서 명시적으로 드러난 신체언어를 찾아 참조하기로 한다.

한국어 교육용 신체언어의 선정을 위해 검토된 국내 연구는 김영순(2001), 이노미(2006), 권종분(2006), 조현용(2009), 김경지(2011)이다. 이는 모두 외국인 학습자를 대상으로 한 한국어 교육을 목적으로 전반적인 신체언어 또는 손동작 중심의 신체언어를 수집하고 목록화한 연구들이다.

31) 본서에서 '윗사람'은 나이가 많거나 사회적 지위가 높은 사람을 의미한다(표준국어대사전 참고).

김영순(2001)은 한국인의 손동작 목록을 마련하기 위하여 동작 인지도 조사를 거쳐서 신체언어 44개를 제시하였다. 이는 한국어 교육을 위해 최초로 제안된 신체언어 목록이라는 데에 의의가 있다. 이노미(2006)는 아시아 출신 이주민을 위해 기존 한국인의 손동작 목록을 바탕으로 면담조사와 인지도 설문 조사를 통해 22개의 손동작을 제시하였다.

권종분(2006)은 한국어 교재에서 나타난 신체언어를 중심으로 38개를 제시하였다. 이 연구에서 기존 연구에서 수집한 신체언어 항목을 덧붙여 따로 제시하였으나 이는 앞선 김영순(2001), 이노미(2006) 등의 목록과 대부분 같다. 따라서 본서에서는 권종분(2006)이 당시 한국어 교재(6권)에서 삽화로 드러난[32] 신체언어 항목을 분석적으로 채집했다는 데 차별적인 의미가 있다고 보아 이 항목들만을 포함하였다.

조현용(2009)는 총 151개의 한국 신체언어를 수집하여 신체 부위별로 나누어 제시하였다. 한국인이 주로 표현하는 신체언어를 형태와 의미뿐 아니라 관련 음성언어 표현과 연관지었다. 이 연구는 공손성에 주목하여 격식적인 자리에서나 윗사람에게 행하는 공손한 행위와 격식을 갖추지 않는 자리에서나 또래 사이에 보이는 행위를 포함하여 제시하였다. 또한 공손성을 드러내야 하는 자리에서 하지 않도록 주의할 필요가 있는 불공손한 행위도 포함하였다. 이러한 행위는 학습자에 따라 자신의 문화에서는 공손성에 위배되지 않지만 한국에서는 격식적인 자리나 윗사람 앞에서 표현할 경우 무례하다고 여겨져 소통에 심각한 오해와 갈등이 생길 수 있기 때문에 주의해야 할 사항으로서 교수·학습의 내용이 되어야 한다고 본 것이다.

김경지(2011)은 한국 영화 및 드라마에서 한국의 신체언어를 수집하였는데 그 수는 모두 435개이다. 채집된 신체언어를 표현 수단인 몸짓, 접촉, 응시, 자세, 표정으로 나누어 제시하였다. 이는 한국어 교육을 위한 신체언어를

32) 권종분(2006)에서도 지적하였듯이 한국어 교재에서 신체언어는 대체로 삽화에서 암시적으로 나타나 있을 뿐이다. 이를 두고 신체언어가 제대로 교육되고 있다고 할 수 없다. 권종분(2006)은 이를 주장하기 위해 삽화나 비디오에서 드러난 몸짓과 표정 등에 대하여 관찰하여 말하도록 하는 연습문제가 명시적으로 존재하는 프랑스어 교재를 제시하고 비교하였다.

채집한 것이라고 하였으나, 선별 기준이 뚜렷하게 제시되지 않았다. 또한 이 목록은 인류 보편적인 항목이 대부분이므로 실제 외국인을 대상으로 한 교수·학습에 적용하기 위해서는 이 가운데에서 다시 선별하는 작업이 필요해 보인다.

다음으로 국외 연구로서, 여러 나라의 신체언어 가운데 문화 간 의사소통을 위해서 유념해야 할 신체언어를 한국을 포함하여 각 나라별로 제시한 Axtell(1998)을 검토 대상에 포함하였다. Axtell(1998)은 80여 개 국가를 직접 방문하여 다양한 신체언어에 대해 조사한 결과를 토대로 각 나라별로 인사 동작, 호출 동작, 신체 접촉, 모욕적 동작, 평가 동작, 식사 예절 등을 제시하였다. 이는 서로 다른 문화권의 나라에서 오해와 갈등을 피하고 보다 효과적인 의사소통을 하기 위한 것이다. 이 가운데 한국인과 의사소통을 잘하기 위해 유념해야 할 신체언어는 10개로 정리할 수 있다. 이는 정규 한국어 교육을 염두에 둔 것은 아니지만 외국인의 입장에서 소통을 위해 기술한 내용이므로 본서에 포함되었다.

이에 더하여, 현행 한국어 교재 가운데 신체언어를 명시적으로 제시된 경우도 살펴보았다. 이는 모두 26개로[33) 한국어 교육 현장에서 널리 사용되는 한국어 통합 교재와 문화 중심 교재인 총 11종 61권 가운데 단 13군데에서 나타난 항목을 수집한 것이다. 이는 현재 교육되고 있는 내용이므로 본서에서 포함시켰다.

각 연구와 현행 교재에서 선정된 신체언어는 중복 항목을 포함하여 모두 715개로 나타났다. 이는 교육 현장에서 다루기에 지나치게 방대할 뿐 아니라 항목 가운데에서 가장 우선시해야 할 선정 기준인 한국적 특수성 기준에 부합하지 않는 것도 적지 않다. 각 연구 간에는 선정된 항목들이 동일한 것도 있지만 상이하게 나타난 것도 많다. 이에 본서는 이제까지 수집된 신체언어 가운데 선정된 횟수가 많을수록 타당성이 보다 높은 것으로 가정하고 기존

33) 현행 교재에서 보이는 신체언어는 나타나는 영역이 제한적이고 제시의 방법이 충분하지 않으므로 이 항목들이 현재 두루 교수·학습 되고 있다고 할 수는 없다. 4장 교재분석 결과 참고.

국내외 연구와 한국어 교재에서 제시된 신체언어를 빈도가 높은 순으로 정리하였다. 이 가운데 2회 이상 중복되어 나타난 항목은 모두 59개로 이를 제시하면 〈표 3-1〉과 같다.[34)]

〈표 3-1〉 기존 연구에서 수집된 신체언어[35)]

신체언어	A	김	이	권	조	지	한	빈도수
엄지를 세워 앞으로 내밀다(최고 평가, 우두머리)		O	O	O	O	O	O	6
고개와 허리를 숙이다(인사-공손)	O			O	O	O	O	5
검지를 관자놀이에 대고 돌리다(머리 이상함)		O	O	O	O	O		5
엄지와 검지를 동그랗게 모아 원을 만들고 다른 손가락은 펼쳐 들다(긍정적 반응, 돈)		O	O		O	O	O	5
양팔을 벌려 머리 위에 하트 모양을 만들어 머리 위에 놓다(애정 표시)		O	O		O	O	O	5
손을 펼쳐들다(발언권 요구, 웨이터나 택시 부르기)		O		O	O	O	O	5
검지를 펼쳐 세워 입술에 대다(침묵 요구)		O		O	O	O	O	5
새끼손가락을 구부리다(약속 요구)			O	O	O	O	O	5
웃거나 놀라거나 하품 등 입이 벌어질 때 손으로 입을 가리다(특히 여자-공손)	O			O	O	O		4
여성끼리 팔짱을 끼고 걷다(우정 표시)	O				O	O	O	4
팔을 올려 좌우로 흔들다(가벼운 인사)	O				O	O	O	4
다리를 붙여 앉다(자세-공손)	O				O	O	O	4

34) 단 1회만 제시된 항목의 경우 본서자와 한국어 교육학 박사 2명이 검토한 결과 한국적으로 특수하다기보다는 인류 보편적인 것으로 판단되어 목록에 포함시키지 않기로 하였다.

35) 연구물을 편의상 다음과 같이 한 글자로 표시하였다. A:Axtell(1998), 김:김영순(2000), 이:이노미(2006), 권:권종분(2006), 조:조현용(2009), 지:김경지(2011), 한:한국어교재

손등을 위로 하여 손을 앞뒤로 흔들다(이리와 지시)		O			O	O	O	4
뿔 모양으로 검지를 세워 머리 위에 두다(분노 표시)		O	O		O		O	4
검지와 중지를 펴서 V자를 만들다(뽐냄)		O			O	O	O	4
엄지부터 차례대로 접는다(수를 세기)			O		O	O	O	4
새끼손가락을 펼쳐 보이다(여자 애인-속어)			O		O	O	O	4
앞쪽으로 두 손을 모아 서 있다(자세-공손)	O				O	O		3
고개를 숙이고 두 손으로 악수하다(인사-공손)	O					O	O	3
눈을 지속적으로 보며 이야기하지 않다(시선-공손)	O					O	O	3
양손의 검지를 세우고 서로 교차시켜 X자를 만들다(부정, 금지)		O	O			O		3
고개를 숙인 채 손을 펼쳐 입 주변에 대다(역겨움)		O			O	O		3
술잔을 잡고 마시듯이 손 동작을 취한다(음주 표현)		O			O	O		3
엄지는 귀에 새끼손가락은 입 부분에 댄다(전화, 통화)		O			O		O	3
손을 펴서 목 부분에서 수평으로 흔든다(해고, 위협)		O			O		O	3
양손을 움켜잡고 위아래로 흔들다(간절한 부탁)			O	O		O		3
손바닥을 모아 위아래로 비비다(중대한 사죄)			O		O	O		3
검지, 중지 순서로 펼쳐 올리다(수를 보여주기)			O			O	O	3
머리를 위아래로 흔들다(긍정)				O	O	O		3
주먹을 쥐어 보이다(의지, 확신, 결심)				O	O	O		3
주먹을 쥐어 들어 보이다(환희)				O	O	O		3

손바닥을 펴서 방향을 가리키다(들어가시죠/앉으시죠-공손)					O	O	O	3
가슴 앞에서 양손으로 하트 모양을 만들다(애정 표시)					O	O	O	3
무릎을 꿇고 머리를 바닥에 닿도록 숙이다(어른께 좌식으로 인사하기)					O	O	O	3
검지를 들어 좌우로 흔든다(부정)		O		O				2
담배 피듯이 검지 중지를 세워 입 주변에 댄다(담배, 흡연)		O			O			2
손으로 귀를 판다(자신의 소문에 대한 상징)		O			O			2
숟가락 들고 먹듯이 손동작을 취한다(식사 표현)		O				O		2
팔목을 보거나 다른 손으로 팔목을 가리킨다(시계, 재촉, 시간 주의)		O				O		2
오른손을 왼쪽 가슴에 대다(국기 의례)			O		O			2
팔을 접어 손바닥을 앞으로 펼치다(선서, 맹세)			O			O		2
양 주먹을 뺨 위에 대고 돌리다(수줍음)			O			O		2
주먹 쥐고 엄지를 올려서 어깨 너머를 가리키다(밖에 나가기)			O			O		2
두 다리를 포개고 앉다(책상다리. 전통적 남자 좌식 자세)					O	O		2
한쪽 다리를 세우고 앉다(여성 한복 좌식 자세)					O	O		2
머리를 좌우로 흔들다(부정, 거부, 모름)					O	O		2
쯧쯧 혀를 차다(안타까움, 불쌍함)					O	O		2
악수하는 모습으로 손을 잡다(협조 약속)					O	O		2
팔꿈치로 옆 사람을 살짝 찌르다(눈치를 줌)					O	O		2

두 손으로 드리거나 받는다(물건 전달-공손)						O	O	2
술을 마실 때 고개를 옆으로 돌리다(주도)						O	O	2
〈주의해야 할 공손하지 않은 자세〉								
팔짱을 낀 채 서 있거나 앉아 있다(방어적, 무관심-불공손)				O	O	O	O	4
손으로 턱을 괴고 앉아 있다(지루함-불공손)				O	O	O	O	4
검지를 세워 사물이나 사람에게 흔들다(손가락질)		O			O	O		3
검지를 들어 상대방을 가리키다(지시-불공손)				O	O	O		3
다리를 꼬고 앉다(불공손)					O	O	O	3
손바닥을 위로하여 앞뒤로 흔들다(이리 와봐 지시)					O	O		2
검지를 앞뒤로 까닥이다(이리 와!, 불공손)					O	O		2
주머니에 손을 넣고 있다(자세-불공손)						O	O	2

기존 연구에서 수집된 항목에 대해 실제 한국어 교육 현장에서 어느 정도 적합한지를 알아볼 필요가 있다. 이를 위해 한국어 교육과 관련하여 지식과 경험이 많은 전문가를 대상으로 적합성 조사를 실시하였다.[36)]

본 설문에 응답한 교육 전문가는 모두 25명으로 석사 8명, 박사수료 이상 17명으로 구성되었다. 이들은 연구 경력뿐 아니라 대학 부설 기관에서 정규 한국어 과정을 담당한 경력이 최소 5년, 평균 11년 이상의 실무 경험이 풍부하여 한국어 교육에 적합한 내용을 판정할 수 있는 식견과 소양을 갖춘 전문가로 보았다. 이들의 사회적 특성은 〈표 3-2〉와 같다.

36) 이러한 전문가 조사에서 전문가는 해당 분야에서 고도의 교육을 받고 실무 경험을 풍부하게 쌓은 사람을 의미한다(박도순 2008).

〈표 3-2〉 전문가 조사 참여자의 사회적 특성

구분		조사 참여자 수
성별	남자	6명
	여자	19명
학력	석사	8명
	박사 수료 이상	17명
교육경력	5년 이상 10년 미만	10명
	10년 이상 15년 미만	12명
	15년 이상	3명
소계	25명	

설문지는 〈표 3-1〉에서 나타난 59개 항목으로 구성하였다. 개별 항목에 대해 전문가들로 하여금 한국어 교육용으로 적합한 정도를 판정하도록 하였다. 이는 7점 리커트 척도 방식으로 하여 4점('보통')을 기준으로 양측을 7점('매우 적합')과 1점('매우 부적합')으로 구성하였다. 선정 기준으로 3.1.에서 제안된 5가지를 참고할 수 있도록 제시하였다. 또한 기존 연구와 교재에서 보이는 신체언어가 중복 제시된 횟수를 기준으로 고빈도순으로 배열하였고 빈도수를 병기하여 제시하였다.

각 항목에 대해 적합성을 판단하여 척도를 표시하고 비고란을 두어 리커트 척도로 1점, 2점, 3점에 해당하는 부적합으로 판정한 경우 그 이유를 적을 수 있도록 하였다. 마지막에 자유 의견란을 따로 마련하여 추가되어야 하는 신체언어가 있는지 등에 관해 자유롭게 기술할 수 있도록 하였다. 〈표 3-3〉은 전문가 조사 설문지에 제시된 한국 신체언어의 선정 기준표이다.[37]

37) 시행된 전문가 조사 설문지는 〈부록 1〉로 첨부하였다.

〈표 3-3〉 한국 신체언어의 선정 기준

선정기준	의미
한국적 특수성	다른 언어문화권에서 보편적으로 사용된다기보다 한국에서 주로 사용되는 것인가?
일상성	대부분의 한국 성인들이 일상생활에서 널리 사용하는 것인가?
현재성	과거가 아닌 현재 시점에 주로 사용하는 것인가?
의사소통 기능성	한국어로 소통하는 과정에서 오해와 갈등을 피하고 원활한 관계 형성과 의미 전달에 도움을 주는 것인가?
공손성	위 네 가지 기준에 합당하면서 특별히 한국적 공손성을 띠므로 구별해서 교육할 가치가 있는 것인가? 또는 불공손한 신체언어이므로 한국인과의 의사소통에서 주의하도록 특별히 다룰 필요가 있는 것인가?

3.2.2. 선정 결과

전문가 조사에서 각 항목에 대한 응답자 간의 일관성이 높은 경우 조사지의 안정도가 확보된 것으로 볼 수 있다. 이는 변이계수(CV: Coefficient of Variation, 이하 CV로 칭함)로 측정이 가능한데, 변이계수(CV)가 0.5 이하인 경우에는 추가 설문 조사가 필요 없으며, 0.5~0.8인 경우는 비교적 안정적인 것으로 보며, 0.8 이상인 경우에는 추가 설문 조사가 필요하다(노승용 2006). 본서의 전문가 조사 결과에서는 〈표 3-4〉에서 나타난 바와 같이, 59개 항목 가운데 56개 항목의 변이계수(CV)가 0.5이하이고 단 4개 항목은 0.5~0.8인 것으로 나와(17번 CV=0.55, 26번 CV=0.54, 37번 CV=0.52, 50번 CV=0.51) 대체로 응답자간 일관성이 높으므로 조사지의 안정도가 확보된 것으로 판단되었다.

전문가 조사 결과에 대해서는 내용타당도 비율(CVR: Contents Validity Ratio, 이하 CVR로 칭함)로 개별 항목의 타당성을 검증하였다. 내용타당도 비율(CVR)은 Lawshe(1975)에서 제시된 것으로 전문가 조사 내 각 항목의 필요성을 확인할 수 있는 비율이다(노승용 2006, 정희모 외 2013). 이는 설문에 참여한 전문가의 총 수와 각 항목에 대해 적합하다고 보는 전문가의 수의 비율에 따라 타당도 비율 수치를 구한 값으로 일정한 목표의 평가지에서 각 항목을 포함하거나 제외시키는 기준으로 삼을 수 있다(이종성 2001). 이에 따르면 본서의 전문가 조사는 응답자가 25명이므로 내용타당도 비율(CVR)의 최소 유효값은 0.37이 된다. 즉 유의도 0.05 수준에서 내용타당도 비율(CVR)의 최소 유효값(=0.37) 이상으로 판정된 항목들만이 내용 타당도가 있다고 판단할 수 있다. 본서의 조사 결과 〈표 3-4〉에서 보이는 바와 같이, 총 59개 항목 가운데 42개 항목이 최소 유효값(=0.37)을 넘어 타당도가 높아 한국어 교육에 적합하다고 판정을 받은 것으로 나타났다.

3.1.에서 마련된 선정기준은 학문적 요구에 부합하는 항목의 선정을 위한 전문가 조사에서 적용되었다. 조사 결과로 도출된 42개 항목은 모두 한국적 특수성, 일상성, 현재성, 의사소통 기능성을 지니고 있으며 이 가운데 공손성에 의해 세부 항목으로 분류되거나 유의해야할 불공손한 항목이 포함되어 있다.[38)]

타당도가 낮은 것으로 판정된 17개 항목과 이에 대한 전문가의 소견은 다음과 같다. 먼저 '의미를 유추하기가 어렵지 않다/ 한국적 특수성에 부합하지 않다'는 이유로 적합성이 낮다고 판정된 항목은 5개로 (5) '양팔을 벌려 머리 위에 하트 모양을 만들어 머리 위에 놓다(애정 표시)', (6) '손을 펼쳐들다(발언권 요구, 웨이터나 택시 부르기)', (26) '양손을 움켜잡고 위아래로 흔들다(간절한 부탁)', (28) '검지, 중지 순서로 펼쳐 올리다(수를 보여주기)', (32) '손바닥을 펴서 방향을 가리키다(들어가시죠/앉으시죠-공손)'이다.

특히 '서양에서 유래된 듯하고 또한 이해하기에 어렵지 않다/ 한국적 특수성에 부합하지 않다'는 이유로 적합도가 낮게 판정된 항목은 5개로 (24) '엄지는 귀에 새끼손가락은 입 부분에 댄다(전화, 통화)', (25) '손을 펴서 목 부분에서 수평으로 흔든다(해고, 위협)', (36) '담배 피듯이 검지 중지를 세워 입 주

38) 조사 결과에 대해 본서자와 한국어 교육학 박사 2명이 합의를 하여 최종적으로 판단하였다.

변에 댄다(담배, 흡연)', (41) '팔을 접어 손바닥을 앞으로 펼치다(선서, 맹세)', (48) '악수하는 모습으로 손을 잡다(협조 약속)'이다.

'부정적이므로 수업에서 다루기에 적당치 않다/ 일상성, 기능성에 적합하지 않다'란 소견을 받은 항목은 4개로 (17) '새끼손가락을 펼쳐 보이다(여자 애인-속어)', (22) '고개를 숙인 채 손을 펼쳐 입 주변에 대다(역겨움)', (47) '쯧쯧 혀를 차다(안타까움, 불쌍함)', (50)'팔꿈치로 옆 사람을 살짝 찌르다(눈치를 줌)'이다.

마지막으로 '전통적인 신체언어이므로 대학 기관에서 수학하는 외국인에게 학습 필요성이 낮다/ 현재성에 부합하지 않다'란 소견으로 부적합 판정을 받은 항목은 2개로 (34) '무릎을 꿇고 머리를 바닥에 닿도록 숙이다(어른께 좌식으로 인사하기)'와 (45) '한쪽 다리를 세우고 앉다(여성 한복 좌식 자세)'이다. 그 외에 (37) '손으로 귀를 판다(자신의 소문에 대한 상징)'는 '누가 내 얘기를 하나 봐' 등의 '음성언어와 대체로 병행하여 사용되므로' 교육적 필요성이 낮다고 판정되었다.

자유 의견란에 (33) '가슴 앞에서 양손으로 하트 모양을 만들다(애정 표현)' 보다는 현재 '엄지, 검지를 엇갈려 하트 모양을 만들다(애정 표현)'가 유행이므로 후자를 다루는 것이 시의적절하다는 의견이 있었다.[39] 전체적으로 한국어 교육에서 신체언어의 교수·학습 필요성에 대한 7점 리커트 척도에서 전문가들은 평균 5.72, 표준편차 1.02로 응답한 것으로 보아 필요성에 대해 상당히 긍정하고 있음을 알 수 있다.

전문가 조사 결과에 대해 항목별 평균, 표준편차, 중앙값, 내용타당도 비율(CVR), 변이계수(CV)를 구하여 〈표 3-4〉와 같이 정리하였다. 내용타당도 비율이 기준값 0.37 이상으로 양방향 유의수준 0.05보다 작은 경우를 유의미하다고 보아 이를 음영 처리하여 표시하였다.

39) 이에 대해서 2차 선정을 위한 학습자 면담 조사에서 학습자들이 '가슴 앞에서 양손으로 하트 모양을 만들다(애정 표현)'에 대해서는 대부분이 인지를 하고 있는 데 반해 '엄지·검지로 하트 모양을 만들다(애정 표현)'에 대해서는 금전으로 오해하는 경우가 많고 이의 차이에 호기심을 보이는 경우도 많아 학습자 설문 조사에서 후자 항목으로 대체하기로 하였다.

〈표 3-4〉 신체언어에 대한 전문가 조사 결과

문항	신체언어	평균	표준편차	중앙값	내용타당도 비율	변이계수
1	엄지를 세워 앞으로 내밀다(최고 또는 우두머리)	5.72	1.40	6	0.51*	0.24
2	고개와 허리를 숙이다(인사-공손)	6.64	0.57	6	1.00*	0.09
3	검지를 관자놀이에 대고 돌리다(머리 이상함)	4.64	1.60	5	0.44*	0.35
4	엄지와 검지를 둥글게 모아 올리다(OK 또는 돈)	5.96	1.27	6	0.76*	0.21
5	양팔을 벌려 머리 위에 하트 모양을 만들다(애정 표시)	5.12	1.64	5	0.2	0.32
6	손을 펼쳐들다(발언권 요구, 웨이터나 택시 부르기)	5.00	2.00	5	0.04	0.40
7	검지를 펼쳐 세워 입술에 대다(침묵 요구)	6.08	1.22	6	0.84*	0.20
8	새끼손가락을 구부리다(약속 요구)	5.76	1.17	5	0.68*	0.20
9	웃거나 놀라거나 하품 등 입이 벌어질 때 손으로 입을 가리다(주로 여자-공손)	5.20	1.83	5	0.44*	0.35
10	여성끼리 팔짱을 끼고 걷다(우정 표시)	5.20	1.41	5	0.51*	0.27
11	팔을 올려 좌우로 흔들다(가벼운 인사)	5.20	1.38	5	0.44*	0.26
12	다리를 붙여 앉다(자세-공손)	5.48	1.26	5	0.44*	0.23
13	손등을 위로 하여 손을 앞뒤로 흔들다(이리와 지시)	5.88	0.78	5	0.84*	0.13
14	뿔 모양으로 검지를 머리 위에 세우다(분노 표시)	5.16	0.85	5	0.44*	0.16
15	검지와 중지를 펴서 V자를 만들다(뽐냄)	5.20	1.16	5	0.51*	0.22
16	엄지부터 차례대로 접는다(수를 세기)	5.32	1.38	5	0.51*	0.26
17	새끼손가락을 펼쳐 보이다(여자 애인-속어)	2.88	1.59	2	-0.68	0.55
18	앞쪽으로 두 손을 모아 서 있다(자세-공손)	5.44	1.41	5	0.84*	0.26
19	고개를 숙이고 두 손으로 악수하다(인사-공손)	5.96	0.89	6	0.93*	0.15
20	눈을 지속적으로 보며 이야기하지 않는다(시선-공손)	5.68	0.99	5	0.76*	0.17

21	양손의 검지를 세워 X자를 만들다(부정, 금지)	5.36	1.22	5	0.51*	0.23
22	고개를 숙인 채 손을 펼쳐 입 주변에 대다(역겨움)	3.36	1.60	3	-0.44	0.48
23	술잔을 잡고 마시듯이 손동작을 취한다(음주 표현)	4.92	1.35	5	0.44*	0.27
24	엄지는 귀에 새끼손가락은 입 부분에 댄다(전화, 통화)	4.92	1.94	5	0.04	0.39
25	손을 펴서 목부분에서 수평으로 흔든다(해고, 위협)	4.04	1.86	4	-0.12	0.46
26	양손을 움켜잡고 위아래로 흔들다(간절한 부탁)	3.88	2.11	4	-0.04	0.54
27	두 손을 위아래로 비비다(중대한 사죄)*	4.60	1.44	4	0.51*	0.31
28	검지, 중지 순서로 펼쳐 올리다(수를 보여주기)	4.80	1.68	5	0.28	0.35
29	머리를 위아래로 흔들다(긍정)	5.68	1.41	6	0.51*	0.25
30	주먹을 쥐어 보이다(의지, 확신, 결심)	5.12	1.48	5	0.44*	0.28
31	주먹을 쥐어 들어 보이다(환희)	4.68	1.46	4	0.51*	0.31
32	손바닥을 펴서 방향을 가리키다(들어가시죠/앉으시죠-공손)	4.72	2.17	5	0.20	0.46
33	가슴 앞에서 양손으로 하트 모양을 만들다(애정 표시)	5.20	1.29	5	0.51*	0.25
34	무릎을 꿇고 머리를 바닥에 닿도록 숙이다(어른께 좌식으로 인사하기)	4.72	1.97	5	0.28	0.42
35	검지를 들어 좌우로 흔든다(부정)	5.04	1.43	5	0.51*	0.28
36	담배 피듯이 검지 중지를 세워 입 주변에 댄다(담배, 흡연)	3.80	1.78	3	-0.36	0.47
37	손으로 귀를 판다(자신의 소문 상징)	3.00	1.56	2	-0.76	0.52
38	숟가락 들고 먹듯이 손동작을 한다(식사 표시)	5.32	1.41	5	0.68*	0.26
39	팔목을 보거나 다른 손으로 팔목을 가르킨다(시계, 재촉, 시간 주의)	4.88	2.26	5	0.51*	0.46
40	오른손을 왼쪽 가슴에 대다(국기 의례)	4.48	2.22	5	0.44*	0.45
41	팔을 접어 손바닥을 앞으로 펼치다(선서, 맹세)	4.28	1.84	4	-0.2	0.43
42	양 주먹을 뺨 위에 대고 돌리다(수줍음)	4.88	0.97	4	0.44*	0.20

43	주먹쥐고 엄지를 올려서 어깨 너머를 가리키다(밖에 나가기)	5.12	1.24	5	0.44*	0.24
44	두 다리를 포개고 앉다(책상다리. 전통적 남자 좌식 자세)	4.36	1.91	4	0.44*	0.44
45	한쪽 다리를 세우고 앉다(여성 한복 좌식 자세)	3.84	1.84	3	-0.44	0.48
46	머리를 좌우로 흔들다(부정, 거부, 모름)	5.80	1.16	5	0.84*	0.20
47	쯧쯧 혀를 차다(안타까움, 불쌍함)	4.04	1.74	4	-0.12	0.43
48	악수하는 모습으로 손을 잡다(협조 약속)	4.28	1.95	4	-0.04	0.46
49	손바닥을 위로하여 앞뒤로 흔들다(이리 와 봐-불공손)	5.12	1.30	5	0.51*	0.25
50	팔꿈치로 옆 사람을 살짝 찌르다(눈치를 줌)	3.84	1.97	3	-0.2	0.51
51	두 손으로 주거나 받는다(물건 전달-공손)	6.28	1.02	6	0.84*	0.16
52	술을 마실 때 고개를 옆으로 돌리다(주도)	6.32	0.95	6	0.84*	0.15
53	팔짱을 낀 채 서 있거나 앉아 있다(방어적, 무관심-불공손)	5.76	1.09	5	0.68*	0.19
54	손으로 턱을 괴고 앉아 있다(지루함-불공손)	5.32	1.60	5	0.44*	0.30
55	검지를 세워 사물이나 사람에게 흔들다(손가락질)	6.00	1.38	6	0.68*	0.23
56	검지를 들어 상대방을 가리키다(지시-불공손)	5.84	1.18	6	0.76*	0.20
57	다리를 꼬고 앉다(불공손)	5.32	1.28	5	0.51*	0.24
58	검지를 앞뒤로 까닥이다(이리 와!, 불공손)	5.28	1.57	5	0.44*	0.30
59	주머니에 손을 넣고 있다(자세-불공손)	5.56	1.29	5	0.51*	0.23

* p 〈 .05

문헌 검토와 전문가 조사로 선정된 한국어 신체언어 42개 항목을 기능 중심의 한국어 교육에 적용하기 위해 앞서 2.3.절에서 언급한 바와 같이 기능 범주로 나누어 제시하면 〈표 3-4〉와 같다.[40]

40) 목록표에서는 항목이 44개인데 두 개 항목('엄지를 세워 올리다', '엄지와 검지를 둥글게 모아 올리다')이 2가지 기능을 지니므로 이를 각 기능에 기입하여서 그러하다.

〈표 3-5〉 문헌 검토와 전문가 조사로 1차 선정된 신체언어

기능	형태	의미
사교 활동	고개와 허리를 숙이다	인사-공손
	웃거나 놀라거나 하품 등 입이 벌어질 때 손으로 입을 가리다	공손
	여성끼리 팔짱을 끼고 걷다	우정 표시
	팔을 올려 좌우로 흔들다	가벼운 인사
	다리를 붙여 앉다	자세-공손
	앞쪽으로 두 손을 모아 서 있다	자세-공손
	고개를 숙이고 왼손으로 오른손을 받치듯이 악수하다	인사-공손
	눈을 지속적으로 보며 이야기하지 않는다	시선-공손
	오른손을 왼쪽 가슴에 대다	국기 의례
	두 다리를 포개고 앉다(책상다리)	전통 남자 좌식 자세
	두 손으로 드리거나 받는다	물건 전달-공손
	술을 마실 때 고개를 옆으로 돌리다	주도(酒道)-공손
	팔짱을 낀 채 서 있거나 앉아 있다	자세-불공손
	손으로 턱을 괴고 앉아 있다	자세-불공손
	다리를 꼬고 앉다	자세-불공손
태도 표현	주머니에 손을 넣고 있다	자세-불공손
	엄지를 세워 올리다(1)[41]	최고 평가
	검지를 관자놀이에 대고 돌리다	머리 이상함 평가
	엄지와 검지를 둥글게 모아 올리다(1)[42]	긍정, 동의
	검지와 중지를 펴서 V자를 만들다	뽐냄
	머리를 위아래로 흔들다	긍정
	주먹을 쥐어 보이다	결심, 결의

41) '엄지를 세워 올리다(최고 평가, 우두머리)'는 기능이 두 가지이므로 각 해당 기능(태도 표현, 정보 전달)에 포함시켰다.

42) 엄지와 검지를 동그랗게 모아 올리다(동의, 돈)'도 기능이 두 가지이므로 각 해당 기능(태도 표현, 정보 전달)에 포함시켰다.

	검지를 들어 좌우로 흔든다	부정
	머리를 좌우로 흔들다	부정, 거부, 모름
감정 표현	뿔 모양으로 검지를 세워 머리 위에 두다	분노
	주먹을 쥐어 들어 보이다	환희
	엄지·검지 끝부분을 엇갈려 하트 모양을 만들다	애정
	양 주먹을 뺨 위에 대고 돌리다	수줍음
	검지를 세워 사물이나 사람에게 흔들다	분노, 비난-불공손
요청 및 청유	검지를 펼쳐 세워 입술에 대다	침묵 요구
	새끼손가락을 구부리다	약속 요구
	손등을 위로 하여 손을 앞뒤로 흔들다	이리오라 지시
	양손의 검지를 세우고 교차시켜 X자를 만들다	부정, 금지
	손바닥을 모아 위아래로 비비다	중대한 사죄
	팔목을 보거나 다른 손으로 팔목을 가리키다	재촉, 시간 주의
	주먹 쥐고 엄지를 올려서 어깨 너머를 가리키다	밖에 나가자 지시
	손바닥을 위로하여 앞뒤로 흔들다	이리오라 지시
	검지를 앞뒤로 까닥이다	이리오라 지시-불공손
정보 전달	엄지를 세워 올리다(2)	우두머리
	엄지와 검지를 동그랗게 모아 올리다(2)	돈(+요청)
	엄지부터 차례대로 접다	수 세기
	술잔을 잡고 마시듯이 손동작을 취하다	음주(+제안)
	숟가락 들고 먹듯이 손동작을 취하다	식사(+제안)
	검지를 들어 상대방을 가리키다	가리키기-불공손

3.3. 학습자 설문 조사에 의한 2차 선정

문헌 검토와 전문가 조사를 통한 1차 선정에 이어 학습자의 수준에 맞는 신체언어를 찾기 위해 설문 조사를 실시하였다. 이는 상술하였듯이, 적합한 교육 내용으로 선정되기 위해서는 학문적, 사회적 요구와 더불어 교육의 수요자인 학습자의 수준과 요구에 맞는 개인적 요구에도 부합되어야 하기 때문이다(민용성 2011, 홍후조 2011). 본서에서는 한국 신체언어에 대한 인지도 설문 조사를 통해 학습자가 한국 신체언어에 대해 어느 정도 인지하고 있는지와 모어 화자와 차이가 있다면 문화권별로 어떠한 차이가 있는지를 구체적으로 밝힌다. 또한 학습자가 한국 신체언어와 관련된 소통 및 학습 경험이 있는지와 신체언어 학습이 어느 정도 필요하다고 생각하고 있는지에 대해서도 알아내고자 한다.

3.3.1. 조사 목적

설문 조사를 통해 구체적으로 알고자 하는 바와 그 이유는 다음과 같다.

(1) 실제 한국어 학습자가 어려워하는 신체언어는 무엇인가?

본 설문 조사는 1차로 선정된 신체언어 가운데 학습자들의 인지도가 부족하므로 교수·학습의 필요성이 있는 항목을 선별하기 위한 것이다. 한국 신체언어에 대한 이해 양상이 한국인 모어 화자와 외국인 학습자 사이에 유의미하게 차이가 있는 항목이 있다면, 이에 대해 특별히 주목하여 교육적으로 연구하고 적용함이 필요할 것이다.

(2) 학습자의 한국어 수준에 따라 차이가 있는가?

한국어 학습자들의 한국어 수준이 높아짐에 따라 신체언어를 인지하는 수준도 높아지는지 알고자 한다. 만약에 한국어 수준과 한국 신체언어 인지도가 상응되지 않다면 신체언어 교수·학습이 제대로 이루어지고 있지 않다고 할 수 있을 것이다. 또한 이는 시간에 따라 자연적으로 알게 된다기보다는 의식적인 학습이 필요하다는 방증이 될 것이다.

(3) 학습자의 국가 및 문화권에 따라 차이가 있는가?

선행 연구에 의하면 문화권이 유사할수록 문화 간 신체언어에 대한 인지도가 높다(홍민표 2007). 이에 따르면 학습자의 모문화가 아시아 지역이라면 그 외 문화권 학습자보다 문화의 유사성으로 인해 인지도가 높을 것이다. 각 기능 및 항목별 신체언어와 공손성에 대한 인지 부족이 학습자의 모문화의 영향에서 비롯된 것이라면 학습자 문화권을 교육적으로 고려할 필요가 있을 것이다.

(4) 학습자들의 교수·학습 요구도는 어떠한가?

학습자들이 신체언어 인지 부족으로 인하여 의사소통의 실패 경험이 있는지, 한국어 수업에서 신체언어 교수·학습이 명시적으로 이루어진 경험이 있는지, 그리고 신체언어 교수·학습이 얼마나 필요하다고 생각하는지를 알고자 한다. 학습자의 요구는 교수·학습의 중요한 필요조건이 될 것이다.

3.3.2. 조사 방법

한국어 교육용 신체언어 목록을 마련하기 위한 절차와 방법을 정리해 보이면 〈표 3-6〉과 같다.

〈표 3-6〉 한국어 교육용 신체언어 선정의 절차와 방법

1차 선정: 선정 기준에 의한 전문가 판정
• 문헌 검토를 통한 빈도순 목록 정리 • 전문가 조사를 통한 타당한 항목의 추출

⇩

2차 선정: 1차 선정 가운데 학습자 수준에 의한 재추출
• 면담 및 예비조사: 1차 목록 가운데 학습자 면담 통한 설문지 문항 구성 예비조사를 통한 설문지의 타당도 확인 • 본조사: 설문 조사를 통한 학습자의 인지도와 요구도 분석 및 인지도에 맞는 항목의 추출

⇩

최종 선정
• 사회적 및 개인적 요구에 맞는 한국어 교육용 신체언어 선정

설문 조사 응답 자료에 대한 통계처리는 SPSS version 24를 사용하였다. 먼저, 설문지 신뢰도 검증을 위해서는 크론바흐 알파(Cronbach's Coefficient Alpha) 값을 구하였다. 크론바흐 알파값은 0~1 사이의 값으로 나타나는데 일반적으로 0.6 이상이면 측정 도구가 내적 일관성이 있으며 신뢰할 만한 것으로 간주한다. 이러한 신뢰도 분석은 설문 문항이 등간 척도 및 비율 척도로 작성된 경우에 가능하다. 본 설문 조사의 경우 영역Ⅱ에 해당하는 공손성 인지도 조사가 등간 척도로 구성되어 있어서 신뢰도 값을 구할 수 있었다.

설문 조사 응답에 대한 인구사회학적 변수 간의 차이를 알아보기 위해 카이제곱 검정(chi-squared test), 독립 t검정(t-test), 일원배치 분산분석(One-way ANOVA)을 시행하였다. 영역Ⅰ은 명목척도로 구성되었고 영역Ⅱ는 등간척도로 이루어져 있으므로 이에 사용되는 통계방법이 다르게 적용되었다.

먼저, 영역Ⅰ의 기능 항목별 인지도에 대한 모어 화자의 성별 간 차이, 모어 화자의 연령(20대, 30대, 40대) 간 차이, 학습자의 수준(초급, 중급, 고급) 간 차이에 대해서는 각 문항에서 모어 화자의 선택 비율이 가장 높은 선택지에 대한 차이를 중심으로 검증하였다. 이 경우 집단 간 빈도 차이에 대한 검증 방법인 카이제곱 검정(chi-squared test)을 통해 해당 집단 간 인지도 차이가 유의미하다고 할 수 있는지 확인하였다.

영역Ⅰ의 기능 항목별 인지도 조사는 중복 응답을 허용한 형태이므로 다중응답 교차분석을 통해 결과값을 산출하였다. 모어 화자와 학습자 간 인지도 차이를 밝히기 위해서는 카이제곱 검정(chi-squared test)을 하였다. 이를 통해 각 문항에서 모어 화자의 선택율이 가장 높은 선택지에 대해서 모어 화자와 각 지역별 학습자 간의 비율이 실제 유의미한 차이가 있는지를 검증하였다.

영역Ⅱ의 공손성 인지도에 대한 모어 화자의 성별 간 차이에 대해서는 독립 t검정(t-test)으로 각 문항의 두 집단 간 평균을 비교하였고, 모어 화자의 연령 간 차이, 학습자의 수준 간 차이에 대해서는 일원배치 분산분석(ANOVA)으로 각 문항의 세 집단 간 평균을 비교하여 검증하였다.

영역Ⅱ의 공손성 인지도 조사는 5점 리커트 척도를 사용한 형태이므로 빈도분석을 통해 결과값을 산출하였다. 모어 화자와 학습자 간 차이를 밝히기 위해서는 일원배치 분산분석(ANOVA)을 통해 각 문항에서 모어 화자와 지역별 학습자의 평균을 비교하여 차이가 유의미한지에 대해 검증하였다.

마지막으로, 영역Ⅲ의 교수·학습에 대한 요구도 조사에는 기술 통계를 사용하였고 작성된 답변에 대해서는 정성적인 결과 분석을 하였다.

3.3.3. 조사 절차

3.3.3.1. 설문지 구성

설문지 조사에 앞서 설문지 문항과 각 문항의 선택지 작성을 위해 면담을 실시하였다. 2018년 6월~7월, 서울시와 경기도권 대학 또는 대학 부설 한국어 교육 기관에 재학하는 학습자 35명을 대상으로 실시하였다. 이들의 출신국가는 모두 22개국이고 연령은 20~30대이며 한국 거주 기간이 6개월 이상으로 한국어로 기본적인 의사소통이 가능한 중급 이상이다. 국가별로 인원이 충분히 확보되지 못하였으나 학습자의 인지도에 대한 대략적인 파악이 목적이므로 가능하다고 보았다. 면담에 참여한 학습자 정보는 다음 〈표 3-7〉과 같다.

〈표 3-7〉 면담에 참여한 학습자 정보

단위:명

	3급	4급	5급	6급 이상	계
중국	0	2	1	1	4
대만	1	1	0	0	2
베트남	0	1	1	0	2
일본	0	2	0	0	2
필리핀	0	1	0	0	1
캄보디아	0	1	1	0	2
인도네시아	1	0	0	0	1
네팔	1	1	0	0	2
카자흐스탄	0	0	1	0	1
우즈베키스탄	0	0	2	0	2
이란	0	0	1	0	1
터키	0	1	0	0	1
러시아	1	1	0	0	2
미국	0	1	1	0	2
멕시코	1	0	0	0	1
볼리비아	1	0	0	0	1
브라질	1	0	0	0	1
프랑스	1	0	1	0	2
독일	1	0	0	0	1
이탈리아	1	0	0	0	1
남아프리카공화국	0	0	0	3	3
계	10	12	9	4	35

3.2.에서 1차로 선정된 신체언어 42개 항목에 대해 학습자를 국가별로 나누어 1인 또는 2인을 대상으로 면담이 진행되었다.[43] 한국 신체언어 항목을 본서자가 실제 재현하면 응답자가 이를 보고 응답하는 방식으로 이루어졌으며, 이를 통해 이해되는 의미가 무엇인지, 모국에서 이러한 표현이 있는지, 없다면 동일한 의미에 해당되는 다른 신체언어 형태가 있는지 등을 파악하였다. 그 외에도 한국 신체언어를 몰라 의사소통에서 당황했던 경험, 신체언어 교수·학습이 필요하다고 생각하는 정도 등을 추가로 질문하였다.

면담 결과로, 응답자 대다수가 13개 항목에 대해서 그들의 문화 배경에 관계없이 이미 인지하고 있거나 매우 쉽게 유추하였다.[44] 학습자의 인지 수준에 비해 낮은 항목은 교육 내용으로 선정될 필요가 없다고 판단되어 제외시키기로 하였다. 이러한 항목을 제외하고 문화적 배경에 따라 이해하기 어려워하는 신체언어 29개 항목을 추출하여 이를 바탕으로 설문지를 작성하였다.[45]

설문지[46] 문항 구성은 다음과 같이 이루어졌다. 면담 조사 결과를 토대로 학습자들의 출신 지역에 따라 이해하는 바가 상이하여 어려워하는 표현을 중심으로 추출하고 이를 각 의사소통 기능 영역에 해당하는 문항으로 작성하였다. 면담을 통해 밝혀진 바대로, 사교 활동 기능에서 공손성 정도에 대한 인지도가 특별히 낮다고 판단되어 이를 문항 구성의 상당한 부분으로 다루었다.

---

43) 이는 반구조화된 면담(semi-structured interview)을 기반으로 한 이노미(2006)의 외국인 대상 면담 조사 방식을 차용한 것이다.

44) 제외된 13항목은 '고개와 허리를 숙이다(인사-공손)', '검지를 펼쳐 세워 입술에 대다(침묵 요구)', '다리를 붙여 앉다(자세-공손)', '앞쪽으로 두 손을 모아 서 있다(자세-공손)', '양손의 검지를 세우고 서로 교차시켜 X자를 만들다(부정, 금지)', '술잔을 잡고 마시듯이 손동작을 취한다(음주 표현)', '머리를 위아래로 흔들다(긍정)', '주먹을 쥐어 들어 보이다(환희)', '검지를 들어 좌우로 흔들다(부정)', '숟가락 들고 먹듯이 손동작을 취한다(식사 표시)', '팔목을 보거나 다른 손으로 팔목을 가르키다(시계, 재촉, 시간 주의)', '머리를 좌우로 흔들다(부정, 거부, 모름)', '검지를 세워 사물이나 사람에게 흔들다(손가락질)'이다.

45) 면담 조사 결과 각 기능별로 학습자들이 이해하기 어려워하는 항목이 도출되었다. 그러나 이 결과는 응답자의 다양한 국적에 비해 각 국가별 응답자 수가 적어 일반화할 수는 없다. 따라서 이를 실제 검증하기 위하여 면담 조사 결과로 도출된 항목들로 설문지를 구성하여 통계적으로 의미 있는 숫자의 인원을 모집하여 설문 조사를 실시하였다.

46) 외국인 대상 설문지는 응답자의 이해를 위해 한국어판 외에도 영어판, 중국어판, 베트남어판을 마련하여 실시하였다. 이 가운데 영어판 설문지를 본서의 〈부록 8〉로 첨부하였다.

설문지 문항은 총 32개 문항으로 측정하고자 하는 내용을 세 영역으로 나누어 질문과 응답 형식을 다르게 하였다. 설문지의 영역별 구성을 나타내 보이면 〈표 3-8〉과 같다.

〈표 3-8〉 설문지의 영역별 구성

영역 및 문항	측정 내용	질문 형식	응답 형식
영역 I (1~16번)	기능별 인지도	사진 및 설명 제시 후 해당 의미 질문	5지선다형(복수응답 및 추가 기술 허용)
영역 II (17~29번)	공손성 인지도	사진 및 설명 제시 후 공손성 정도 질문	5점 리커트 척도
영역 III (30~32번)	교수·학습 요구도	경험 및 필요성 질문	여부 표기, 기술, 5점 리커트 척도

영역 I 은 의사소통 기능별 인지도 조사로 학습자들이 한국 신체언어에 대해 이해하는 정도를 알기 위한 것이다. 이는 16개 문항으로 명목 척도로 구성하였다. 각 문항은 신체언어 표현을 보이는 인물의 상반신을 찍은 사진과 그 동작에 대해 설명하는 문장을 같이 제시하면서 의미를 묻는 형식을 갖추었다. 이는 동작 사진을 중심으로 신체언어에 관한 설문지를 구성한 기존 연구들을 참고로 하였다(김영순 2001, 이노미 2006). 질문 방식으로 응답자가 신체언어 표현을 보고 선택지 가운데 해당하는 의미를 선택하는 폐쇄형을 사용하였다.

개별 신체언어를 이해하는 내용을 정확히 얻기 위해서는 개방형 질문 방식으로 하여 형태를 보고 응답자가 생각하는 의미를 적게 하는 방법이 더 바람직할 수도 있으나 본 설문 조사의 목적이 한국어 교육용 신체언어의 이해 정도를 측정하는 데에 있으므로 폐쇄형 질문 방식도 가능하다고 보고 홍민표(2007)의 방법을 참고하였다. 각 항목에 따른 선택지는 해당 한국 신체언어가 지닌 일반적인 의미와 다른 언어 문화에서 통용되는 의미를 찾고 면담 조사를 통해 확인하여 구성하였다. 학습자들이 이해하는 다양한 의미를 얻기

〈표 3-9〉 영역 I (1번~16번) 기능별 인지도 조사의 문항 구성[47)]

기능	해당문항	형태	의미
사교 기능	12	오른손을 왼쪽 가슴에 대다	국기의례
	15	웃으면서 입을 가리다	예의
	16	여성끼리 팔짱을 끼고 걷다	우정
태도 표현	1(가)	엄지를 세워 올리다	최고 평가
	2	검지와 중지를 벌려 올리다	자랑, 사진포즈
	3(가)	엄지와 검지를 둥글게 모아 올리다	동의, 잘함 평가
	6	주먹을 쥐고 힘 있게 흔들다	격려, 결의
	10	검지를 관자놀이 근처에서 돌리다	머리 이상함 평가
감정 표현	4	엄지와 검지의 끝을 엇갈려 올리다	애정 표현
	9	양볼에 주먹을 대고 앞뒤로 가볍게 돌리다	수줍음 표현
	14	양손 검지를 세워 머리 위에 올리다	분노 표현
요청 및 청유	5	새끼손가락을 세워 올리다	약속 제안
	7	손등을 위로 하고 손 전체를 위아래로 흔들다	이리오라 지시
	8	두 손바닥을 서로 위아래로 비비다	애원/용서 간청
	11	엄지를 세워 올려 어깨 너머를 가리키다	나가자 지시
정보 전달	1(나)	엄지를 세워 올리다	사장, 우두머리
	3(나)	엄지와 검지를 둥글게 모아 올리다	돈
	13	엄지, 검지, 중지를 차례로 접다	수 세기(셋)

위하여 정답 표시는 복수 응답이 가능하도록 하였고 또 다른 의미로 생각될 경우에는 '기타'란에 적을 수 있도록 하였다.

47) 3.2.절 신체언어 1차 선정 결과에 나타난 바와 같이 정보 전달 기능의 신체언어의 경우에 태도 표현이나 요청 및 청유 등의 다른 기능을 포함하는 신체언어가 있다. 따라서 학습자 설문 문항에서도 1번, 3번, 5번의 경우가 그러한데 이 경우 한 문항에 해당하는 복수 기능과 이에 따른 선택지의 내용을 같이 포함하였다.

영역Ⅰ인 의사소통 기능별 신체언어 인지도 조사에 구성된 의사소통 기능과 해당 신체언어의 형태와 의미를 제시하면 〈표 3-9〉와 같다.

영역Ⅱ는 공손성 인지도 조사로 면담 조사 결과 학습자들이 어려워하는 한국 신체언어의 공손성에 대한 이해 정도를 측정하기 위한 것이다. 이는 13개 문항으로 5점 리커트 척도 방식으로 구성하였다. 각 문항은 신체언어 표현을 보이는 인물을 찍은 사진과 이를 설명하는 문장을 같이 제시하면서 이것이 격식적인 자리에서나 윗사람에게 대하는 행위로서 어느 정도 적합한지를 표시하는 형식을 갖추었다.[48] 13문항 가운데 11문항을 공손성이 낮은 표현으로 나타내었고 2개 문항을 공손성이 높은 표현으로 만들어(역문항) 중간에 넣어 일률적인 대답이 이루어지는 것을 방지하였다.

〈표 3-10〉 영역Ⅱ(17번~29번) 공손성 인지도 조사의 문항 구성

기능	해당문항	형태	의미
사교 활동	17	손바닥을 보이게 올려 흔들다	인사
	18	한 손으로 악수하다	인사
	19	다리를 꼬아 앉다	자세
	20	자신의 팔짱을 끼고 있다.	자세
	21	주머니에 손을 넣고 있다	자세
	22	턱을 괴고 앉아 있다	자세
	29	다리를 펴고 앉다	자세
	23	몸을 돌리면서 두 손으로 술을 마시다	음주 동작
	27	두 손으로 물건을 건네다	전달하기
	28	시선을 계속 맞추며 이야기하다	시선
요청 및 청유	24	손바닥을 위로 하여 손가락을 안쪽으로 까닥이다	부르기
	25	손바닥을 위로 하여 검지를 안쪽으로 까닥이다	부르기
정보전달	26	검지로 상대방을 가리키다	가리키기

48) 이는 '매우 부적절하다(1)'부터 '매우 적절하다(5)'까지 5가지 척도 가운데에서 하나를 선택하는 방식이다.

영역Ⅱ인 공손성 인지도 조사에 구성된 신체언어의 형태와 의미를 제시하면 〈표 3-10〉과 같다.

영역Ⅲ은 학습자 요구도를 조사하기 위한 것이다. 학습자들이 신체언어 인지 부족으로 인하여 의사소통의 실패 경험이 있는지 여부와 있다면 무엇이었는지와, 한국어 수업에서 신체언어를 학습한 적이 있는지 여부와 있다면 내용이 무엇이었는지를 질문하였다. 마지막으로 신체언어 학습이 필요하다고 생각하는 정도에 대해 5점 척도로 표시하도록 하였다.

영역Ⅲ인 교수·학습 요구도 조사에 구성된 질문 내용과 응답 형식을 제시하면 〈표 3-11〉과 같다.

〈표 3-11〉 영역Ⅲ(30~32번) 교수·학습 요구도 조사의 문항 구성[49)]

해당문항	질문 내용	응답 형식
30	신체언어로 인한 소통 실패 경험	유무 표기
30-1	유경험 시 내용	기술식
31	신체언어 교수·학습 경험	유무 표기
31-1	유경험 시 내용	기술식
31-2	유경험 시 유용성	기술식
32	신체언어 교수·학습 필요성	5점 척도

작성된 설문지 문항에 대한 타당도 확인을 위해 예비조사를 실시하였다. 2018년 8월 한국인 모어 화자 45명과 외국인 학습자 37명을 대상으로 하였고 이들의 기본 정보는 〈표 3-12〉, 〈표 3-13〉과 같다. 한국인 모어 화자 설문은 한국어 교육과 관련 없는 20대~40대의 대학생과 직장인을 대상으로

49) 3장에서 신체언어 양상 분석에서 기술한 바와 같이 정보 전달 기능의 신체언어의 경우에 태도 표현이나 요청 및 청유 등의 다른 기능을 포함하는 신체언어가 상당히 있다. 본서의 설문 문항에서도 1번, 3번, 5번의 경우가 그러한데 이 경우 한 항목에 해당하는 복수 기능과 이에 따른 복수 의미를 한 문항 내에 같이 포함하였다.

하였다. 학습자 설문은 경기도권 내 대학 부설 기관에서 재학 중이며 초급, 중급, 고급 수준에 각각 해당하는 학습자들을 대상으로 하였다.

〈표 3-12〉 예비조사에 참여한 모어 화자 정보

단위:명

성별	20대	30대	40대	합계
남자	9	5	7	21
여자	10	11	3	24
합계	19	16	10	45

〈표 3-13〉 예비조사에 참여한 학습자 정보

단위:명

	초급	중급	고급	계
중국	10	3	4	17
베트남	5	4	3	12
미국	5	0	1	2
프랑스	1	0	0	1
폴란드	1	1	0	1
남아프리카공화국	0	0	2	2
이란	0	1	1	2
계	17	9	11	37

모어 화자의 경우 각 문항에서 선택지의 수렴이 하나 또는 둘로 제대로 이루어지는지를 확인하였다. 외국인 학습자의 경우 신체언어를 나타내는 사진과 지시문, 선택지를 잘 이해하는지를 확인하였다.[50] 예비조사의 결과 외국인

50) 3장에서 신체언어 양상 분석에서 기술한 바와 같이 정보 전달 기능의 신체언어의 경우에 태도 표현이나 요청 및 청유 등의 다른 기능을 포함하는 신체언어가 상당히 있다. 본서의 설문 문항에서도 1번, 3번, 5번의 경우가 그러한데 이 경우 한 항목에 해당하는 복수 기능

학습자의 응답은 한국인 화자의 응답과 상당히 일치하는 경우도 있고, 다른 선택지에 분산되어 나타나는 경우도 있어서 본조사에서 비교 분석이 가능하다고 판단되었다. 따라서 예비조사 설문지를 그대로 본조사에 사용할 수 있다고 보았고 외국어 번역에서만 일부 수정하였다. 이를 통해 최종 설문지를 작성하였다.

3.3.3.2. 설문 조사

본조사는 2018년 9월에 실시하였다. 본조사에 응답한 모어 화자는 서울시와 경기도권에 거주하는 20~40대 총 106명으로 대학생(43명), 교육 연구직(21명), 사무직(35명), 서비스직 및 기타직(7명)으로 다양한 직업군을 대상으로 하였다. 본 조사에 참여한 모어 화자의 기본 정보는 다음 〈표 3-14〉와 같다.[51)]

〈표 3-14〉 본조사에 참여한 모어 화자 정보

단위:명

성별	20대	30대	40대	합계
남자	27	17	21	65
여자	18	13	10	41
합계	45	30	31	106

본조사에 응답한 외국인 학습자는 서울시와 경기권내에서 대학생 및 대학원생(33명), 교환학생(29명), 어학연수생(102명)인 총 164명이며 한국어 수준으로 초급 85명, 중급 58명, 고급 21명으로 구성되었다. 본 조사에 참여한 학습자의 기본 정보는 다음 〈표 3-15〉와 같다.

과 이에 따른 복수 의미를 한 문항 내에 같이 포함하였다.

51) 이는 원래 설문에 참여한 모어 화자 108명, 외국인 학습자는 169명 가운데 불성실한 응답을 한 모어 화자 2명, 외국인 학습자 5명을 제외한 수치이다.

〈표 3-15〉 본조사에 참여한 학습자 정보

단위:명

국가	초급		중급		고급		합계
	1급	2급	3급	4급	5급	6급	
중국	25	17	13	5	2	2	64
베트남	8	14	9	3	2	1	37
일본	0	2	0	6	2	0	10
대만	0	1	2	3	3	0	9
캄보디아	0	0	0	2	1	0	3
네팔	0	0	0	2	0	0	2
인도	0	0	1	0	1	0	2
카자흐스탄	0	0	0	0	1	0	1
우즈베키스탄	0	0	0	0	1	0	1
이란	0	0	0	1	0	0	1
미국	0	3	3	0	0	3	11
캐나다	0	3	0	3	0	0	6
영국	2	0	0	1	0	0	3
프랑스	0	2	1	0	1	0	4
독일	1	0	1	0	0	0	2
스위스	0	1	0	0	0	0	1
폴란드	0	0	0	1	0	0	1
러시아	1	2	0	0	0	0	3
멕시코	0	0	1	0	0	0	1
볼리비아	0	1	0	0	0	0	1
남아공	0	0	0	0	0	1	1
합계	39	46	31	27	14	7	164
	85		58		21		

본 조사에 참여한 외국인 학습자를 국내 외국인 유학생 수의 비중에 따라 중국, 베트남, 기타 아시아, 영미 유럽으로 나누었다.[52] 중국(64명), 베트남(37명)은 국내 유학생 가운데 가장 비중이 높은 국가이므로 독립적으로 비교하였고, 그 외 일본(10명), 대만(9명), 캄보디아(3명), 네팔(2명), 인도(2명)는 기타 아시아(26명)로 묶어 한 그룹으로 처리하였다. 그 외 미국(11명), 캐나다(6명), 영국(3명), 프랑스(4명), 독일(2명), 스위스(1명), 폴란드(1명)는 아시아 지역이 아닌 하나의 지역으로 포함시켜 비교할 수 있다고 보아 영미 유럽 지역(28명)으로 처리하였다.[53]

분석 대상의 지역별 분류는 다음과 같다. 먼저 한국인 모어 화자와 전체 학습자로 양분하고, 학습자를 다시 영미 유럽 지역 학습자, 전체 아시아 지역 학습자로 나누고, 그 가운데 전체 아시아 지역을 중국, 베트남, 기타 아시아 지역으로 세분하였다. 따라서 각 신체언어 항목에 대해 한국인 모어 화자를 기준으로, 전체 학습자, 영미 유럽 지역 학습자, 전체 아시아 지역 학습자, 중국 학습자, 베트남 학습자, 기타 아시아 지역 학습자로 구분하여 총 6가지 지역 범주로 이루어졌다.

3.3.4. 조사 결과

3.3.4.1. 기능별 인지도

52) 국내 외국인 유학생의 현황을 보면, 어학 연수나 대학교 등에서 수학하는 유학생의 수는 12만 명에 달한다.(2018년 교육통계서비스 http://kess.kedi_re.kr 참조) 이 가운데 중국(55.1%), 베트남(11.8%), 몽골, 일본 등의 아시아권 학습자들은 10만여 명으로 88% 이상 차지하고 있고 아시아권이 아닌 미주, 유럽 및 기타 지역 출신은 12% 정도이다. 본서에서는 한국 신체언어의 비교 문화적 분석을 위해 비교 대상 지역을 학습자의 출신 국가로 하였다. 이를 크게 두 개 지역 곧 대다수 학습자 출신 국가가 해당되는 아시아권과 그 외 다수의 학습자 출신 국가가 해당되는 영미 유럽권으로 나누어 진행하였다.

53) 설문지 응답자 가운데 이란(1명), 카자흐스탄(1명), 우즈베키스탄(1명), 러시아(3명), 멕시코(1명), 볼리비아(1명), 남아프리카공화국(1명)은 수가 적은 이유로 전체 학습자 수에만 포함시키고 문화권별 비교에서는 제외하였다.

영역 I 인 기능별 신체언어 인지도 조사의 결과는 다음과 같다. 모어 화자의 경우에 각 항목에 대해 응답이 수렴되는 정도가 일정하였다. 모어 화자의 성별, 세대 사이에 인지도 차이는 유의미하게 나타나지 않았다.[54)]

학습자의 경우에 한국어 수준 간 인지도 차이의 전체적인 양상을 알기 위해 학습자 전체를 초급, 중급, 고급으로 나누어 비교하였는데, 9번 문항의 4번 선택지에서만 초급과 중·고급간의 차이가 있음이 드러났다.[55)] 다른 15개 문항에서는 유의미한 차이가 없는 것으로 나타났다. 따라서 한국어 수준별 신체언어 인지도는 대체로 차이가 없다고 할 수 있다.

학습자의 인지도는 각 항목별 선택지에 대해 모어 화자가 가장 많이 선택한 비율과 학습자가 선택한 비율의 차이가 큰 경우에 학습자의 인지도가 낮다고 할 수 있으므로 이를 중심으로 살펴보았다. 각 항목에 대해 모어 화자 다수가 선택한 선택지에 대해 비교 집단의 선택 비율과 이에 대한 카이제곱 검정(chi-squared test)을 통해 유의미한 차이가 있는 항목과 선택지를 도출할 수 있다. 이에 대한 분석 결과는 〈표 3-16〉과 같다. 여기서 백분율(p)은 각 항목 선택지에 대한 빈도를 해당 집단의 총인원수로 나눈 값이다. 카이제곱 검정값(x^2)은 모어 화자의 최다 선택지에 대한 각 집단의 비율 차이를 나타낸 것이다. 이 값을 환산하여 학습자의 인지도가 모어 화자의 인지도와 양방향 P값이 0.05보다 작은 경우를 유의미하다고 보고 이를 음영 처리하여 표시하였다.

〈표 3-16〉에서 나타난 바와 같이, 1~16번 문항 가운데 응답 차이가 큰 문항은 1[56)], 3, 6, 8, 9, 10, 11, 12, 13, 14번 문항으로 모두 10개 문항이다. 이는 6개의 비교 집단인 전체 학습자, 영미 유럽 학습자, 전체 아시아 학습자, 중국 학습자, 베트남 학습자, 기타 아시아 학습자 모두와 모어 화자 간에 상

54) 모어 화자의 성별 간 인지도 차이에 대한 분석 결과는 〈부록 2〉로 첨부하였고. 모어 화자의 세대 간 인지도 차이에 대한 분석 결과는 〈부록 3〉으로 첨부하였다.

55) 학습자의 수준 간 인지도 차이에 대한 분석 결과는 〈부록 4〉로 첨부하였다.

56) 1번 문항의 경우, 선택지2(최고 평가)와 선택지3(우두머리)에서 각각 차이를 보여 기능별로 분리하여 제시하였다. 그러나 신체언어는 1개인 걸로 보고 전체 문항 개수를 셀 때는 1개 문항으로 취급하기로 하였다.

〈표 3-16〉 신체언어 인지도 차이 분석(1번~16번)

자유도(df)=1, p=백분율, x^2=x^2검정값

번호	신체언어	p / x^2	한국	전체 학습자	영미 유럽	전체 아시아	중국	베트남	기타 아시아
1-2 (가)	엄지 세우기 (최고다!)	p	96.2	31.7	32.1	32.3	43.8	13.5	30.8
		x^2	-	111.50*	105.25*	97.37*	65.20*	102.35*	68.81*
1-3 (나)	엄지 세우기 (우두머리)	p	84.9	4.9	7.1	5.5	4.7	5.4	7.7
		x^2	-	179.18*	55.47*	70.69*	91.61*	74.17*	63.98*
2-3	검지·중지 벌려 세우기(사진포즈)	p	94.3	81.1	78.6	80.3	81.3	81.1	76.9
		x^2	-	5.97	6.84	6.57	5.24	5.94	7.56
3-5	엄지·검지 모아 올리기(돈)	p	78.3	7.3	3.6	8.7	10.9	2.7	11.5
		x^2	-	139.92*	147.04*	106.92*	72.95*	156.43*	40.99*
4-2	엄지·검지엇갈려 올리기(애정)	p	97.2	91.5	75.0	96.9	98.4	94.6	96.2
		x^2	-	6.12	29.90*	0.12	0.01	2.34	0.18
5-1	새끼손가락 세우기(약속)	p	97.1	95.8	96.4	95.3	92.9	92.2	91.9
		x^2	-	2.78	2.48	2.91	3.06	5.53	7.35
6-1	주먹 흔들기 (잘해보자!)	p	77.4	57.3	46.4	55.9	57.8	47.9	65.4
		x^2	-	8.77*	13.05*	9.98*	8.40*	11.56*	7.32*
7-1	손등 위로 위아래 흔들기(이리 와!)	p	96.2	84.7	82.9	90.5	92.1	89.1	88.5
		x^2	-	7.87	8.16	5.92	3.64	6.01	6.34
8-5	두 손 비비기 (용서요청)	p	86.8	10.4	7.1	10.2	9.4	8.1	15.4
		x^2	-	153.10*	171.97*	157.12*	154.26*	163.04*	131.45*
9-4	양볼에 주먹 대기 (수줍음)	p	89.6	26.8	21.4	24.4	20.3	18.9	42.3
		x^2	-	102.66*	130.84*	112.85*	135.97*	139.74*	76.35*
10-1	머리 옆에 검지 돌리기(머리 이상함)	p	95.3	42.7	35.7	32.3	20.3	13.5	46.2
		x^2	-	86.53*	96.40*	92.27*	105.50*	126.17*	43.78*

11-3	엄지로 어깨 너머 가리키기(나가자!)	p	84.0	32.3	10.7	35.4	56.3	8.1	23.1
		x^2	-	51.95*	48.31*	57.84*	17.08*	67.38*	42.32*
12-1	가슴에 손 얹기 (국기의례)	p	97.2	25.6	21.4	23.6	26.2	16.2	26.9
		x^2	-	111.33*	131.43*	127.42*	96.34*	142.11*	95.75*
13-1	엄지·검지·중지 차례로 접기(셋)	p	92.5	31.7	50.0	26.8	21.9	13.5	46.1
		x^2	-	107.09*	46.68*	79.83*	85.98*	90.28*	51.53*
14-2	양 검지 머리 위에 세우기(화남)	p	94.3	29.3	10.7	33.9	23.4	51.4	34.6
		x^2	-	59.85*	85.66*	39.17*	72.16*	34.20*	42.25*
15-1	웃으며 입 가리기 (예의)	p	90.6	70.1	28.6	81.9	81.3	83.8	80.8
		x^2	-	7.80	40.06*	4.97	5.21	4.23	5.48
16-1	여성끼리 팔짱 끼기(우정)	p	92.5	90.2	71.4	92.1	92.2	94.6	88.5
		x^2	-	2.08	28.96*	8.35	0.28	2.88	4.41

*p〈.05

당한 차이를 보인 것이다. 2, 5, 7번 3개 문항에서는 모어 화자와 비교 집단 간에 차이가 없다고 밝혀졌다. 4, 15, 16번 3개 문항의 경우에는 영미 유럽 학습자만이 모어 화자와 차이가 있다고 나타났다. 이러한 차이에 대한 전체 결과를 기술해 보이면 〈표 3-17〉과 같다.

응답 결과를 한국인 모어 화자, 전체 학습자, 영미 유럽 지역 학습자, 전체 아시아 지역 학습자, 중국 학습자, 베트남 학습자, 기타 아시아 지역 학습자 순서로 하여 문항별 선택지에 대해 응답한 비율을 아래와 같이 제시하였다(〈표 3-18〉~〈표 3-31〉). 이는 응답 결과 가운데 인지도 차이가 크게 나타난 문항에 대한 결과이다. 복수 응답을 허용하였으므로 각 비교 대상국의 문항별 전체 응답 수를 100%로 환산하여 각 선택지에 대한 응답을 해당 비율로 나타내었다. 모어 화자를 기준으로 의미 있는 차이를 보이는 경우 해당되는 란에 음영 처리를 하였다.

〈표 3-17〉 기능별 인지도 차이 결과(1번~16번)

기능	해당문항	차이가 큰 문항	차이가 작은 문항
사교 활동	12, 15, 16	(12) 오른손을 왼쪽 가슴에 대다(국기 의례)	(15) *웃으면서 입을 가리다(예의)[57] (16) *여성끼리 팔짱을 끼고 걷다(우정)
태도 표현	1(가), 2, 3(가), 6, 10	(1-가) 엄지를 세워 올리다(최고 평가) (6) 주먹을 쥐고 힘 있게 흔들다(결의) (10) 검지를 관자놀이 근처에서 돌리다(머리 이상함 평가)	(2) 검지와 중지를 벌려 올리다(사진 포즈) (3-가) 엄지와 검지를 둥글게 모아 올리다(동의)
감정 표현	4, 9, 14	(9) 양볼에 주먹을 대고 앞뒤로 가볍게 돌리다(수줍음 표현) (14) 양손 검지를 세워 머리 위에 올리다(분노 표현)	(4) *엄지와 검지의 끝을 엇갈려 올리다(애정 표현)
요구 및 청유	5, 7, 8, 11	(8) 두 손바닥을 서로 위아래로 비비다(용서 간청) (11) 엄지를 세워 올려 어깨 너머를 가리키다(나가자 지시)	(5) 새끼손가락을 세워 올리다(약속 제안) (7) 손등을 위로 하고 손을 위아래로 흔들다(이리오라 지시)
정보 전달	1(나), 3(나), 13	(1-나) 엄지를 세워 올리다(우두머리) (3-나) 엄지와 검지로 둥글게 모아 올리다(돈) (13) 엄지, 검지, 중지를 차례로 접다(수 세기(셋))	

57) 4번, 15번, 16번 문항의 경우에는 영미 유럽 지역 학습자만 한국인 모어 화자와의 차이가 두드러지게 나타났으며 이를 *로 표시하였다.

[1] 사교 활동 기능의 신체언어 인지도 분석

1) 의례 상황에 쓰이는 신체언어

애국가가 울리고 국기가 보이는 공식적인 자리에서 한국인은 '오른손을 올려 왼쪽 가슴에 대'면서 의례를 표한다(79.8%). 이는 다른 지역에서는 애국가가 울릴 때 국기를 향해 바르게 팔을 내린 자세로 있는 경우가 대부분이므로 특수하다고 볼 수 있다. 다른 지역은 오른손을 가슴에 올리는 경우에 〈표 3-18〉과 같이 '진심'(전체 학습자 59.8%, 영미 유럽 64.6%, 전체 아시아 61.9%)이나 '사랑'(영미 유럽 18.7%) 등 다른 의미를 뜻하기도 한다. '국기 의례' 동작은 입학식이나 졸업식 등 학습자들이 접할 수 있는 공식적인 자리에서도 자주 행해지므로 이해의 차원에서 알아둘 필요가 있을 것이다.

〈표 3-18〉 (12) '오른손을 왼쪽 가슴에 대다'에 대한 응답 분석

N=응답 수, P=백분율(%)

응답 유형	한국		전체 학습자		영미 유럽		전체 아시아		중국		베트남		기타 아시아	
	N	P	N	P	N	P	N	P	N	P	N	P	N	P
국기의례	103	79.8	42	17.2	6	12.5	30	16.6	17	18.1	6	12.2	7	18.9
진심	22	17.1	146	59.8	31	64.6	112	61.9	59	62.8	32	65.3	21	56.8
사랑	2	1.6	28	11.5	9	18.7	15	8.3	5	5.3	5	10.2	5	13.5
인사	1	0.8	19	7.8	1	2.1	17	9.3	9	9.6	5	10.2	3	8.1
욕	1	0.8	9	3.7	1	2.1	7	3.9	4	4.3	2	4.1	1	2.7
합계	129	100	244	100	48	100	181	100	94	100	49	100	37	100

2) 예의 표현에 쓰이는 신체언어

한국인들은 음식을 먹거나 하품을 하거나 웃거나 놀라서 입이 벌어질 때

손으로 입을 가리는 경우가 있다. 〈표 3-19〉에서 나타난 바와 같이 모어 화자 67.6%가 어른에게 입 안을 보이지 않아야 한다는 예절 인식에서 비롯한 것으로 여기고 있다. 이에 대해 전체 아시아 학습자들도 웃으면서 입을 가리는 경우 62.7%가 '예의'를 갖추기 위함으로 응답하여 모어 화자와 유사하게 이해를 하는 것으로 나타났다. 다만 영미 유럽 지역에서는 입을 가리는 행위는 무언가 '비밀이 있어서'(한국 6.4%, 영미 유럽 43.9%)라고 응답하여 한국인의 행위에 오해할 가능성이 크다고 보인다. 따라서 영미 유럽 지역 학습자는 어른 앞에서 행위를 삼가고 동작을 크게 하지 않으려는 한국 신체언어에 대해 의식적으로 인지할 필요가 있다고 할 수 있다.

〈표 3-19〉 (15) '웃으면서 입을 가리다'에 대한 응답 분석

N=응답 수, P=백분율(%)

응답 유형	한국		전체 학습자		영미 유럽		전체 아시아		중국		베트남		기타 아시아	
	N	P	N	P	N	P	N	P	N	P	N	P	N	P
예의	96	67.6	115	46.7	8	19.5	104	62.7	52	59.9	31	64.6	14	67.7
부끄러움	31	21.8	85	34.6	13	31.8	43	25.9	27	31.0	11	22.9	5	16.1
비밀 있음	9	6.4	28	11.4	18	43.9	8	4.8	3	3.4	3	6.3	2	6.5
습관	3	2.1	11	4.5	1	2.4	6	3.6	3	3.4	2	4.1	1	3.2
입이 아픔	3	2.1	7	2.8	1	2.4	5	3.0	2	2.3	1	2.1	2	6.5
합계	142	100	246	100	41	100	166	100	87	100	48	100	31	100

3) 친밀한 관계에 쓰이는 신체언어

16번 문항 역시 15번 문항과 더불어 영미 유럽 지역 학습자만이 모어 화자와 인지도에 큰 차이를 보였다. '여성끼리 팔짱을 끼고 다니'는 행위에 대해 〈표 3-20〉과 같이 모어 화자와 전체 아시아 학습자는 대체로 '우정 표현'(한국 89.1%, 전체 아시아 85.4%)이라고 인지한 데 비해 영미 유럽 지역 화

자는 57.8%가 '동성 연인'일 수도 있다고 보았다. 이는 접촉에 대한 문화의 차이로 크게 오해를 할 수 있는 신체언어라 할 수 있다. 따라서 아시아 지역이 아닌 학습자들에게 한국에서는 동성끼리 막역한 사이에 손을 잡거나 팔짱을 끼고 걷는 등의 친근한 표현을 할 수 있음을 알려줄 필요가 있다.

〈표 3-20〉 (16) '여성끼리 팔짱을 끼고 걷다'에 대한 응답 분석

N=응답 수, P=백분율(%)

응답 유형	한국		전체 학습자		영미 유럽		전체 아시아		중국		베트남		기타 아시아	
	N	P	N	P	N	P	N	P	N	P	N	P	N	P
보통 친구	98	89.1	148	77.5	18	40.0	117	85.4	59	90.8	35	87.5	23	71.9
동성 연인	4	3.6	33	17.3	26	57.8	11	8.0	3	4.6	2	5.0	6	18.8
사장과 직원	8	7.3	10	5.2	1	2.2	9	6.6	3	4.6	3	7.5	3	9.3
합계	110	100	191	100	45	100	137	100	65	100	40	100	32	100

[2] 태도 표현 기능의 신체언어 인지도 분석

1) 긍정적 평가 상황에 쓰이는 신체언어

한국인 모어 화자는 〈표 3-21〉에서 드러난 바와 같이 단순히 '잘했다'의 칭찬보다는(11.3%) '매우 잘함', '으뜸'일 경우에 '엄지를 세워 올리'게 된다(46.4%). 이는 전체 학습자, 영미 유럽 학습자, 전체 아시아 학습자는 '잘했다/좋다'로 이해하는 정도가 각각 66.1%, 67.3%, 67.0%로 모어 화자와 차이가 있다. 한국에서는 무난히 잘했다는 평가를 할 경우 주로 '엄지와 검지로 동그라미를 만들어 보인'다. 따라서 학습자들은 한국인이 엄지를 올릴 경우는 엄지와 검지로 동그라미를 보이는 것과는 차이가 있는 특별한 칭찬임을 인식할 필요가 있다.

〈표 3-21〉 (1-가) '엄지를 세워 올리다'에 대한 응답 분석

N=응답 수, P=백분율(%)

응답 유형	한국		전체 학습자		영미 유럽		전체 아시아		중국		베트남		기타 아시아	
	N	P	N	P	N	P	N	P	N	P	N	P	N	P
잘했다	25	11.3	168	66.1	35	67.3	126	67.0	61	62.2	36	75.0	29	65.9
최고	103	46.4	52	20.5	9	17.3	41	21.8	28	29.2	5	10.4	8	18.2
사장님	90	40.5	8	3.2	2	3.8	7	3.7	3	3.1	2	4.2	2	4.5
욕	2	0.9	11	4.3	2	3.8	6	3.2	2	2.1	2	4.2	2	4.8
1개	2	0.9	15	5.9	4	7.7	8	4.3	2	2.1	3	6.2	3	6.5
합계	222	100	254	100	52	100	188	100	98	100	48	100	44	100

2) 격려 및 결의의 상황에 쓰이는 신체언어

한국인 모어 화자는 '주먹을 쥐고 힘차게 흔들'면서 상대방과 결의를 다지거나 상대방을 격려한다. '격려'를 나타내는 경우는 〈표 3-22〉에서 보이듯이, 모어 화자(29.4%)와 전체 학습자(34.7%)가 유사하게 인지하고 있다. 그러나 함께 '결의'를 다지자는 의미에서는 모어 화자(51.2%)에 비해 전체 학습자(36.3%)와, 영미 유럽 학습자(31.0%), 전체 아시아 학습자(34.6%)의 인지도가 모두 낮은 걸로 나타났다. 학습자는 주먹을 흔들고 있는 모습을 '위협'으로 여기는 비율도 상당히 높으므로(한국 3.8%, 전체 학습자 13.9%, 영미 유럽 28.6%) 갈등의 소지도 있다고 볼 수 있다. 따라서 학습자는 격려를 나타내거나 결의를 다지는 이러한 태도 표현 기능의 신체언어에 대해서도 분명하게 알아둘 필요가 있을 것이다.

〈표 3-22〉 (6) '주먹을 쥐고 힘차게 흔들다'에 대한 응답 분석

N=응답 수, P=백분율(%)

응답 유형	한국		전체 학습자		영미 유럽		전체 아시아		중국		베트남		기타 아시아	
	N	P	N	P	N	P	N	P	N	P	N	P	N	P
잘 해보자!	82	51.2	94	36.3	13	31.0	71	34.6	37	31.4	17	35.4	17	35.3
너 할 수 있어	47	29.4	90	34.7	9	21.4	80	39.0	41	34.7	22	45.8	17	50.0
10	2	1.2	14	5.4	1	2.4	12	5.9	10	8.5	1	2.1	1	2.9
위협	6	3.8	36	13.9	12	28.6	24	11.7	15	12.7	7	14.6	2	5.9
경고	23	14.4	25	9.7	7	16.7	18	8.8	15	12.7	1	2.1	2	5.9
합계	160	100	259	100	42	100	205	100	118	100	48	100	34	100

3) 부정적 평가 상황에 쓰이는 신체언어

'검지를 관자놀이 근처에서 돌리다'는 대화의 상대방보다는 주로 제3자를 은밀히 가리키며 머리가 이상함을 의미하는 속어적 표현이다. 그런데 〈표 3-23〉에서 나타난 바와 같이 한국(88.6%) 외에 다른 지역에서는 이와 동일하게 인지하는 정도가 낮으므로(전체 학습자 29.3%, 영미 유럽 20.0%, 전체 아시아 24.7%,) 주의할 필요가 있다. 중국과 베트남은 '머리가 이상하다'는 뜻보다는 상대방을 향해 '좀 더 생각해 보라'는 의미로 많이 쓰인다(중국 71.8%, 베트남 76.1%). 영미 유럽 지역의 경우 '생각해 봐'(48.0%), '잘 모르겠다'(24.0%)의 뜻으로도 상당히 사용한다고 나타났다. 따라서 한국인이 이 신체언어를 사용하였을 때 오해를 유발할 수 있다는 점에서 주의할 필요가 있다.

〈표 3-23〉 (10) '검지를 관자놀이 근처에서 돌리다'에 대한 응답 분석

N=응답 수, P=백분율(%)

응답 유형	한국		전체 학습자		영미 유럽		전체 아시아		중국		베트남		기타 아시아	
	N	P	N	P	N	P	N	P	N	P	N	P	N	P
미쳤다!	101	88.6	70	29.3	10	20.0	41	20.0	13	16.7	5	11.9	12	28.6
생각해 봐	6	5.3	120	50.2	24	48.0	91	48.0	56	71.8	32	76.1	13	31.0
맞다	2	1.8	12	5.0	2	4.0	7	4.0	2	2.6	1	2.4	4	9.5
알겠다	2	1.8	13	5.4	2	4.0	9	4.0	2	2.6	2	4.8	5	11.9
모르겠다	3	2.5	24	10.1	12	24.0	15	24.0	5	6.4	2	4.8	8	19.0
합계	114	100	239	100	50	100	162	100	78	100	42	100	42	100

[3] 감정 표현 기능 인지도 분석 결과

1) 애정 표현에 쓰이는 신체언어

사진 포즈를 위해서나 애정을 공개적으로 표현하기 위해서 취하는 신체언어 가운데 '엄지와 검지의 끝을 엇갈려 올리'는 표현은 최근에 TV 방송에서 비롯한 것이다(김경지 2011). 한국 드라마에 관심이 많은 학습자들은 이미 인지하고 사용한다고 보인다(한국 88.8%, 전체 학습자 62.5%, 전체 아시아 68.7%). 그러나 이 동작은 많은 나라에서 지폐를 세는 동작에서 유래한 '엄지와 검지를 서로 부비기(돈)'와 유사하다. 문항이 정지 화면인 사진으로 구성되어 〈표 3-24〉와 같이 학습자들이 이를 보고 '돈'의 의미로도 많이 떠올린 것으로 보인다(한국 0.9%, 전체 학습자 20.0%, 영미 유럽 39.1%). 그러나 실제로는 '돈'과 '애정표현'이 서로 사용되는 맥락에서 확연히 다르므로 오해의 소지는 크지 않을 것이다. 다만 모어 화자는 '돈'을 나타내기 위해 특별히 '엄지와 검지로 동그라미를 만든다'는 점을 학습자들이 인지할 필요가 있을 것이다.

〈표 3-24〉 (4) '엄지와 검지의 끝을 엇갈려 올리다'에 대한 응답 분석

N=응답 수, P=백분율(%)

응답 유형	한국		전체 학습자		영미 유럽		전체 아시아		중국		베트남		기타 아시아	
	N	P	N	P	N	P	N	P	N	P	N	P	N	P
돈	1	0.9	48	20.0	18	39.1	23	12.8	13	13.7	3	6.5	7	18.4
사랑	103	88.8	150	62.5	21	45.7	123	68.7	63	66.3	35	76.2	25	65.8
조금	8	6.9	25	10.4	3	6.5	20	11.2	13	13.7	4	8.7	3	7.9
7	2	1.7	10	4.2	2	4.3	8	4.7	4	4.2	2	4.3	2	5.3
욕	2	1.7	7	2.9	2	4.3	3	1.7	2	2.1	2	4.3	1	2.6
합계	116	100	240	100	46	100	179	100	95	100	46	100	38	100

2) 수줍음 표현에 쓰이는 신체언어

'양볼에 주먹을 대고 가볍게 돌리다'는 한국인이 수줍음을 드러낼 때(60.1%) 사용하는 표현으로 이 역시 비교적 최근에 한국의 방송에서 비롯된 것으로 보인다(이노미 2006). 한국식 애정 표현이 사진을 찍을 때 사용되는 등 널리 전파된 데에 비해 이 표현은 〈표 3-25〉에서 보이는 바와 같이 영향력이 한국 밖으로 많이 벗어나지 않았다고 보인다. 이처럼 낯설고 새로운 표현일 경우 학습자는 '우는 동작'(전체 학습자 47.2%, 영미 유럽 32.5%, 전체 아시아 52.9%)이나 '고양이'(영미 유럽 10.0%, 전체 아시아 12.1%) 등 형태가 유사한 것을 떠올리기도 한다고 볼 수 있다. 얼굴에 나타나는 기본적인 감정 표현은 인류 보편적이지만 그 외에 복잡한 감정 표현에 대해서는 지역마다 차이가 있고 특별히 손동작이 병행하는 경우는 표현 방법에서 보다 차별적이 된다. 따라서 이와 같은 감정 표현의 경우 이해와 사용을 위해 명시적인 교수·학습의 내용이 되어야 한다.

〈표 3-25〉 (9) '양볼에 주먹을 대고 가볍게 돌리다'에 대한 응답 분석

N=응답 수, P=백분율(%)

응답 유형	한국		전체 학습자		영미 유럽		전체 아시아		중국		베트남		기타 아시아	
	N	P	N	P	N	P	N	P	N	P	N	P	N	P
울다	23	14.6	109	47.2	13	32.5	92	52.9	52	62.7	17	39.5	23	47.9
당황스럽다	32	20.3	39	16.9	15	37.5	22	12.6	6	7.2	10	23.3	6	12.5
춥다	2	1.3	11	4.8	2	5.0	8	4.6	2	2.4	3	7.0	3	6.3
수줍다	95	60.1	44	19.0	6	15.0	31	17.8	13	15.7	7	16.2	11	22.9
고양이	6	3.7	28	12.1	4	10.0	21	12.1	10	12.0	6	14.0	5	10.4
합계	158	100	231	100	40	100	174	100	83	100	43	100	48	100

3) 분노 표현에 쓰이는 신체언어

'검지를 세워 머리 위에 올리다(분노)'는 한국(69.0%)에서는 분노를 표현하는 신체언어이다(Morris 1994). 〈표 3-26〉과 같이 다른 지역에서는 전체 학습자 21.5%, 영미 유럽 6.7%, 전체 아시아 26.2%로 이에 대한 인지도가 낮게 나타났다. 오히려 전체 학습자 44.9%, 전체 아시아 학습자 52.4%는 '소'와 같은 뿔 달린 동물로 인지하였고 영미 유럽 지역 학습자 44.4%는 '악마'를 많이 떠올렸다. 유럽 일부 지역에서는 '여자 친구가 바람났다'(영미 유럽 13.4%)라는 모욕적인 표현으로 사용되기도 한다.

한국에서는 제3자를 가리키고 검지를 세워 머리 위에 올리면서 그 사람이 화가 났음을 은밀히 알릴 때 주로 사용된다. 이를 학습자들이 '소'나 '악마' 등으로 다르게 인지한다면 오해와 갈등의 소지가 있을 수 있다. 따라서 이러한 신체언어는 교수·학습에서 우선시될 필요가 있다.

〈표 3-26〉 (14) '검지를 세워 머리 위에 올리다'에 대한 응답 분석

N=응답 수, P=백분율(%)

응답 유형	한국		전체 학습자		영미 유럽		전체 아시아		중국		베트남		기타 아시아	
	N	P	N	P	N	P	N	P	N	P	N	P	N	P
소 흉내	14	9.6	100	44.9	13	28.8	86	52.4	60	69.0	14	33.3	12	34.3
화났다!	100	69.0	48	21.5	3	6.7	43	26.2	15	17.2	19	45.2	9	25.7
악마	27	18.6	47	21.1	20	44.4	22	13.4	9	10.3	5	11.9	8	22.9
여자 친구 바람났다	1	0.7	17	7.6	6	13.4	7	4.3	1	1.1	2	4.8	4	11.4
욕	3	2.1	11	4.9	3	6.7	6	3.7	2	2.3	2	4.8	2	5.7
합계	145	100	223	100	45	100	164	100	87	100	42	100	35	100

[4] 요구 및 청유 기능의 신체언어 인지도 분석

1) 간청 표현에 쓰이는 신체언어

'두 손바닥을 서로 위아래로 비비다'는 한국인들이 용서를 구하거나(66.7%), 간절히 부탁할 때(18.8%) 사용하게 되는 신체언어이다. 〈표 3-27〉의 결과에서와 같이 용서를 구하는 경우는 한국에서만 주로 보인다(영미 유럽 5.0%, 전체 아시아 9.6%). 영미 유럽 지역과 전체 아시아 지역에서는 주로 추울 때 열을 내기 위한 동작으로 해석하기도 한다(영미 유럽 30.0%, 전체 아시아 28.1%). 특히 영미 유럽 지역 학습자는 맛있어 보이는 음식 앞에서 기대하거나(32.5%) 기도의 표현으로도(27.5%) 많이 인식하고 있다. 두 손바닥을 모으는 표현은 인류 보편적으로 기원이나 간청의 의미가 있다고 한다(Morris 2002). 한국에서는 절실할 경우 두 손바닥을 마주하여 위아래로 엇갈려 비비는 행위를 하게 되는데 학습자들의 의식적인 인지가 없다면 추위나 식욕 등의 의미로 오해받을 소지가 있다.

〈표 3-27〉 (8) '두 손바닥을 서로 위아래로 비비다'에 대한 응답 분석

N=응답 수, P=백분율(%)

응답 유형	한국		전체 학습자		영미 유럽		전체 아시아		중국		베트남		기타 아시아	
	N	P	N	P	N	P	N	P	N	P	N	P	N	P
춥다	10	7.2	54	30	12	30.0	38	28.1	24	35.3	7	17.1	7	27.0
맛있겠다	3	2.2	39	21.7	13	32.5	21	15.6	11	16.2	8	19.5	2	7.7
도와줘	26	18.8	56	31.1	2	5.0	53	39.3	26	38.2	18	43.9	9	34.6
기도	7	5.1	14	7.8	11	27.5	10	7.4	1	1.5	5	12.2	4	15.4
용서해줘	92	66.7	17	9.4	2	5.0	13	9.6	6	8.8	3	7.3	4	15.4
합계	138	100	180	100	40	100	135	100	68	100	41	100	26	100

2) 행동 지시에 쓰이는 신체언어

한국인 모어 화자는 〈표 3-28〉의 결과에서 보이듯이, '밖으로 나가자'는 표현으로 '엄지를 세워 올려 어깨 너머를 가리키'기도 한다(61.4%). 이에 대해 영미 유럽 학습자와 전체 아시아 학습자는 밖으로 나가자는 의미보다는(영미 유럽 7.5%, 전체 아시아 22.6%) 뒤를 가리키는 동작에서 '뒤로 가자'의 의미로 유추하는 것으로 나타났다(영미 유럽 40.0%, 전체 아시아 49.2%). 또는 영미 유럽 지역의 경우 45.0%가 '뒤를 보라'는 의미로 이해하기도 하였다. 이 결과를 통해 모어 화자가 엄지로 뒤 방향을 가리킬 때 학습자는 이의 관습적인 의미를 알지 못할 경우 그 지시 방향에 집중하여 뒤로 가거나, 뒤를 보라는 해석상의 오류에 빠질 수 있음을 알 수 있다.

〈표 3-28〉 (11) '엄지를 세워 올려 어깨 너머를 가리키다'에 대한 응답 분석

N=응답 수, P=백분율(%)

응답 유형	한국		전체 학습자		영미 유럽		전체 아시아		중국		베트남		기타 아시아	
	N	P	N	P	N	P	N	P	N	P	N	P	N	P
힘내자!	1	0.7	23	9.3	2	5.0	26	13.2	11	10.6	5	9.3	10	25.6
뒤로 가자.	37	25.5	118	47.6	16	40.0	97	49.2	52	50.0	36	66.7	9	23.1
나가자.	89	61.4	53	21.4	3	7.5	45	22.8	36	34.6	3	5.6	6	15.4
욕	1	0.7	11	4.4	1	2.5	8	4.1	2	1.9	1	1.9	5	12.8
뒤를 봐.	17	11.7	43	17.3	18	45.0	21	10.7	3	2.9	9	16.7	9	23.1
합계	145	100	248	100	40	100	197	100	104	100	54	100	39	100

[5] 정보 전달 기능의 신체언어 인지도 분석

1) 지위 표현에 쓰이는 신체언어

한국에서 엄지는 예로부터 '남자', '가장', '우두머리' 등을 의미했으며(Morris 1994) 현재에도 한 조직의 장을 은밀히 알릴 때 사용된다. 설문 결과에서도 〈표 3-29〉에서 나타나듯이, 모어 화자는 조직의 우두머리라는 의미로 '사장님'(40.5%)을 선택하였으나, 영미 유럽 학습자(3.8%), 전체 아시아 학습자(3.7%)는 이에 대해 제대로 인지하지 못하고 있다. 조직의 위계가 비교적 분명한 한국에서 한 조직의 최고 책임자가 누구인지는 중요한 사안이므로 엄지를 사용하여 넌지시 알려줄 경우가 있게 될 것이다. 따라서 학습자는 '매우 훌륭하다'의 의미 및 '조직의 최고 운영자'라는 의미를 상황에 맞게 이해하고 사용할 수 있도록 교수·학습이 필요하다고 할 수 있다.

〈표 3-29〉 (1-나) '엄지를 세워 올리다'에 대한 응답 분석

N=응답 수, P=백분율(%)

응답 유형	한국		전체 학습자		영미 유럽		전체 아시아		중국		베트남		기타 아시아	
	N	P	N	P	N	P	N	P	N	P	N	P	N	P
잘했다	25	11.3	168	66.1	35	67.3	126	67.0	61	62.2	36	75.0	29	65.9
최고	103	46.4	52	20.5	9	17.3	41	21.8	28	29.2	5	10.4	8	18.2
사장님	90	40.5	8	3.2	2	3.8	7	3.7	3	3.1	2	4.2	2	4.5
욕	2	0.9	11	4.3	2	3.8	6	3.2	2	2.1	2	4.2	2	4.8
1개	2	0.9	15	5.9	4	7.7	8	4.3	2	2.1	3	6.2	3	6.5
합계	222	100	254	100	52	100	188	100	98	100	48	100	44	100

2) 금전 표현에 쓰이는 신체언어

한국에서 오래전부터 '엄지와 검지를 둥글게 모아 올리'면서 '돈'을 의미해 왔으며(Axtell 1998) 〈표 3-30〉에서 보이듯이 44.4%로 해당하는 사람이 이러한 의미로 선택하였다. 이에 비해 학습자들의 인지는 전체 학습자 5.3%, 영미 유럽 학습자 2.2%, 전체 아시아 학습자 6.6%로 대체로 낮은 것으로 나타났다. 상술하였듯이 다른 지역에서는 엄지를 다른 손가락과 부비면서 돈을 표현하는 경우가 많다. 엄지와 검지를 둥글게 모아 올리는 행위는 나라에 따라 '0', '무가치하다', '성적 모욕'을 나타내기도 한다고 한다. 따라서 학습자들이 '돈'이라는 의미를 인지하지 못하면 이 표현을 보고 다른 비속한 의미로 크게 오해할 가능성이 있다. 따라서 '엄지와 검지를 둥글게 모아 올리다'는 한국인들이 비격식적인 상황이나 막역한 관계에서 '돈'에 관해 언급하거나 돈과 관련된 질문 및 요청을 할 때 사용하는 표현으로 알아둘 필요가 있다.

〈표 3-30〉 (3) '엄지와 검지를 둥글게 모아 올리다'에 대한 응답 분석

N=응답 수, P=백분율(%)

응답 유형	한국		전체 학습자		영미 유럽		전체 아시아		중국		베트남		기타 아시아	
	N	P	N	P	N	P	N	P	N	P	N	P	N	P
잘했다	21	11.2	77	33.8	17	37.8	57	34.1	34	39.1	16	33.3	7	21.9
동의해	79	42.2	115	50.4	22	48.9	87	52.1	42	48.3	27	56.3	18	56.3
욕	2	1.1	11	4.8	2	4.4	6	3.6	2	2.3	2	4.2	2	6.2
무가치하다	2	1.1	13	5.7	3	6.7	6	3.6	2	2.3	2	4.0	2	6.2
돈	83	44.4	12	5.3	1	2.2	11	6.6	7	8.0	1	2.2	3	9.4
합계	187	100	228	100	45	100	167	100	87	100	48	100	32	100

3) 수 표현에 쓰이는 신체언어

우리는 수를 셀 때 손가락을 사용하기도 하는데 〈표 3-31〉의 결과에서와 같이 지역에 따라 수를 세는 방법이 다름을 알 수 있다. 모어 화자는 '엄지, 검지, 중지를 차례로 접은' 모습에서 숫자 3이라고 하였고(83.1%), 다른 지역은 대체로 숫자 2를 나타낸다고 보았다(전체 학습자 58.9%, 영미 유럽 53.8%, 전체 아시아 63.9%). 이렇게 큰 차이로 나온 것은 손가락을 이미 접은 상태를 보이는 사진으로 판단하여 나타난 결과일 가능성도 있다. 주지하다시피, 다른 지역에서는 엄지나 검지부터 펼쳐서 세기도 하고 중국에서 6부터 10까지 세는 방법과 같이 한국과 전혀 다르기도 한다. 따라서 모어 화자의 손짓에서 숫자상의 오해를 하지 않도록 수를 세는 방법을 의식적으로 인지해 둘 필요가 있을 것이다.

〈표 3-31〉 (13) '엄지, 검지, 중지를 차례로 접다'에 대한 응답 분석

N=응답 수, P=백분율(%)

응답 유형	한국		전체 학습자		영미 유럽		전체 아시아		중국		베트남		기타 아시아	
	N	P	N	P	N	P	N	P	N	P	N	P	N	P
3개	98	83.1	52	25.7	14	35.9	34	23.1	17	22.4	5	13.5	12	35.3
2개	13	11.0	119	58.9	21	53.8	94	63.9	50	65.8	27	73.0	17	50.0
8개	1	0.9	15	7.4	2	5.1	9	6.1	6	7.9	2	5.4	1	2.9
욕	3	2.5	9	4.5	1	2.6	6	4.1	2	2.6	2	5.4	2	5.9
승리	3	2.5	7	3.5	1	2.6	4	2.8	1	1.3	1	2.7	2	5.9
합계	118	100	202	100	39	100	147	100	76	100	37	100	34	100

3.3.4.2. 공손성 인지도

영역Ⅱ인 신체언어의 공손성 인지도 조사 결과는 다음과 같다. 이는 17~29번 문항으로 한국인 모어 화자와 외국인 학습자들의 신체언어 공손성에 관한 인지도 차이를 비교 분석한 것이다. 영역Ⅰ에서와 같이 한국인 모어 화자의 경우에 각 항목에 대해 응답자 간 수렴되는 정도가 일정하였다. 먼저, 모어 화자의 성별 간 차이는 유의미하게 나타나지 않았다.[58] 또한 모어 화자의 연령 사이에서 인지도 차이는 단 두 문항에서만 유의미하게 나타났다 ($p<.05$). (21) '윗사람 앞에서 주머니에 손을 넣다'와 (28) '윗사람과 시선을 계속 맞추며 이야기하다'에서 20대가 30대, 40대와는 차이가 있다고 나타났다. 다른 11개 문항에 대해서는 연령 간에 유의미한 차이가 없는 것으로 보아 공손성 인지도에 대해서 모어 화자의 연령 간에는 대체로 상관이 적다는 의미로 볼 수 있다.[59]

외국인 학습자의 경우, 한국어 수준에 따른 신체언어 인지도 차이 결과 가

58) 모어 화자의 성별 간 공손성 인지도 차이에 대한 분석 결과는 〈부록 5〉로 첨부하였다.
59) 모어 화자의 세대 간 공손성 인지도 차이에 대한 분석 결과는 〈부록 6〉으로 첨부하였다.

운데 3개 문항(18번, 22번, 29번)에서만 유의미한 차이가 있었다(p〈.05). (18) '윗사람과 한 손으로 악수하다'에서 초급 학습자와 고급 학습자 사이, (22) '윗사람 앞에서 턱을 괴다'에서 초급 학습자와 중급 학습자 사이, (29) '윗사람 앞에서 바닥에 다리를 펴고 앉다'에서 초급 학습자와 고급 학습자 사이에서 유의미한 차이가 나타났다. 다른 10개 문항에 대해서는 한국어 수준 간 인지도에 유의미한 차이가 나타나지 않았다. 이는 한국 신체언어의 공손성을 이해하는 정도가 한국어 수준과는 대체로 상관이 적다는 의미라고 할 수 있다.[60]

영역Ⅱ의 문항은 등간 척도 방식이므로 통계적으로 신뢰도 검증이 가능하였다. 13개 문항 전체를 포함할 경우 크론바흐 알파값으로 0.667이 도출되었고, 이는 모든 문항이 수용 가능한 것으로(α〉.6) 해석되었다.

분석 결과는 영역Ⅰ의 경우와 같이 한국인 모어 화자를 기준으로 하고 비교 대상을 전체 학습자, 영미 유럽 학습자, 전체 아시아 학습자, 중국 학습자, 베트남 학습자, 기타 아시아 학습자로 나누어 분석하였다. 각 문항에서 한국인 모어 화자가 공손하다고 생각하는 정도와 각 지역별 학습자가 공손하다고 여기는 정도의 차이를 문항별 평균값[61]과 t검정(t-test)에 의한 차이값으로 도출하였다. 이렇게 도출한 결과를 전체적으로 살펴보면 다음 〈표 3-32〉와 같다. t검정의 차이값 가운데 학습자의 인지도가 모어 화자보다 양방향 유의수준 0.05 이하보다 낮은 경우를 유의미하다고 보았으며 이를 음영 처리하여 표시하였다.[62]

60) 학습자의 수준 간 공손성 인지도 차이에 대한 분석 결과는 〈부록 7〉로 첨부하였다.

61) 13개 문항 중 11개 문항은 공손치 않은 신체 표현을 제시하였고 이에 대해 '매우 부적절함(1점)-부적절함(2점)-보통임(3점)-적절함(4점)-매우 적절함(5점)' 가운데에서 선택하도록 하여 평균값을 도출하였다. 13문항 중 23번, 27번은 역문항으로 공손한 신체표현을 제시하여 동일한 5점 척도에서 선택하도록 하였다.

62) 단, 유의수준이 0.05 이하 가운데 오히려 한국보다 공손성 인지가 더 높아서 t검정값이 마이너스로 나타난 경우에는 교육적 의미가 없다고 판단되어 음영 처리하지 않았다.

〈표 3-32〉 신체언어 공손성 인지도 차이 분석(17번~29번)

a=평균(%), t=t검정값

번호	신체언어	a/t	한국	전체 학습자	영미 유럽	전체 아시아	중국	베트남	기타 아시아
17	손 흔들어 인사하기	a	1.77	2.39	2.53	2.36	2.33	2.49	2.26
		t	-	-6.96**	-5.71**	-6.36**	-5.48**	-5.55**	-3.18**
18	한 손으로 악수하기	a	1.95	2.70	3.00	2.61	2.63	2.70	2.44
		t	-	-7.01**	-6.67**	-6.04**	-5.25**	-5.20**	-2.76**
19	다리 꼬아 앉기	a	2.13	2.07	2.97	1.82	1.70	1.76	2.19
		t	-	0.58	-5.87**	3.46**	4.34**	3.21**	-.327
20	팔짱 끼기	a	2.01	2.14	2.31	2.10	1.73	2.97	1.78
		t	-	-1.34	-2.41*	-.90	2.87**	-7.74**	1.59
21	주머니에 손 넣기	a	2.05	1.85	2.53	1.67	1.63	1.81	1.59
		t	-	2.29*	-3.81**	4.78**	4.47**	2.11*	3.25**
22	턱 괴기	a	2.12	2.31	2.33	2.30	2.45	2.19	2.07
		t	-	-2.28*	-1.71	-2.04*	-3.40**	-0.58	0.34
23	몸 돌려 술 마시기 (역문항)	a	1.75	2.23	2.56	2.13	2.13	1.89	2.48
		t	-	-5.30**	-5.74**	-4.43**	-3.50**	-1.41	-5.38**
24	손바닥 위로 해서 부르기	a	1.53	1.64	2.28	1.45	1.58	1.35	1.26
		t	-	-1.37	-6.28**	1.22	-.601	1.81	2.46*
25	검지로 부르기	a	1.24	1.32	1.56	1.24	1.25	1.19	1.30
		t	-	-1.18	-2.72**	-0.11	-0.20	0.56	-.621
26	검지로 가리키기	a	1.25	1.25	1.53	1.16	1.19	1.11	1.19
		t	-	0.10	-2.44*	1.71	1.01	1.87	0.75
27	두 손으로 물건 건네기(역문항)	a	1.48	1.68	2.75	1.38	1.25	1.30	1.81
		t	-	-1.97*	-9.36**	1.16	2.43*	1.53	-2.24
28	시선 맞추며 이야기하기	a	2.75	4.41	4.06	4.52	4.81	4.24	4.22
		t	-	-16.28**	-7.05**	-16.84**	-15.72**	-8.77**	-7.08**
29	다리 펴고 앉기	a	1.86	2.07	2.22	2.02	2.00	1.89	2.26
		t	-	-2.58*	-2.68*	-1.96	-1.38	-.28	-2.75*

*p〈.05, **p〈.01

항목별 인지도 차이를 밝힌 영역Ⅰ에서는 6개 지역 범주 모두와 모어 화자 간 차이를 보인 경우와 영미 유럽 지역만 모어 화자와 차이를 보인 경우로 대별되는데 반해 영역Ⅱ에서는 〈표 3-32〉에서 보이듯이 공손성 인지도 차이가 지역 범주에 따라 다양하게 나타났다. 이는 지역의 문화에 따라 공손에 대한 가치 성향이 다르기 때문으로 보인다. 따라서 영역Ⅱ의 공손성 인지도 결과는 다음 [1]~[6]과 같이 지역별로 분석하여 정리하였다.

[1] 전체 학습자의 공손성 인지도

한국인 모어 화자와 전체 학습자 간에 유의미한 차이를 보이는 문항은 〈표 3-33〉에서 보이듯이, 13개 문항 가운데 모두 8개 문항이다. 이를 통해 전체 학습자들이 한국 신체언어의 공손성에 대한 이해가 대체로 부족하다고 할 수 있다. 유의미한 차이를 보이는 문항은 (17) '윗사람에게 손 흔들어 인사하다', (18) '윗사람과 한 손으로 악수하다', (21) '윗사람 앞에서 주머니에 손을 넣다', (22) '윗사람에 앞에서 턱을 괴다', (23) '윗사람 앞에서 몸을 돌리며 두 손으로 술을 마시다(역문항)', (27) '윗사람에게 두 손으로 물건을 건네다(역문항)', (28) '윗사람과 시선을 계속 맞추며 이야기하다', (29) '윗사람 앞에서 바닥에 다리를 펴고 앉다'이다. 이는 역문항을 제외하고는 6개 문항 모두 부적절하다고 생각하는 정도가 모어 화자에 비해 학습자들이 적다는 것을 의미한다. 역문항으로 처리된 23번, 27번인 공손한 행위의 경우 한국인에 비해 학습자들이 적절하다고 생각하는 정도가 적음을 나타낸다.

모어 화자와 학습자 간에 유의미한 차이를 보이지 않은 문항은 5개 문항으로, (19) '윗사람 앞에서 다리를 꼬아 앉다', (20) '윗사람 앞에서 팔짱을 끼다', (24) '윗사람에게 손바닥을 위로 하여 흔들며 부르다', (25) '윗사람을 검지를 구부려서 부르다', (26) '검지로 윗사람을 가리키다'이다. 이를 통해 학습자 대부분이 검지를 사용해서 부르거나 가리키는 동작과 윗사람 앞에서 다리를 꼬아 앉거나 팔짱을 끼는 등의 자세가 공손성에 위배되는 행위라고 인지하고 있음을 알 수 있다.

〈표 3-33〉 전체 학습자의 공손성 인지도 결과[63)]

차이가 큰 문항	17, 18, 21, 22, 23, 27, 28, 29
차이가 작은 문항	19, 20, 24, 25, 26

[2] 영미 유럽 지역 학습자의 공손성 인지도

한국인 모어 화자와 영미 유럽 학습자 간에 유의미한 차이를 보이는 문항은 〈표 3-34〉에서 나타나듯이, 13개 문항 가운데 모두 12개 문항이다. 유의미한 차이가 없는 것은 단 1개 문항으로 (22) '윗사람 앞에서 턱을 괴다'이다. 차이가 큰 12개 문항 가운데 영미 유럽 지역 학습자만 모어 화자와 유의미한 차이를 보이는 문항은 4개 문항으로 (19) '윗사람 앞에서 다리를 꼬아 앉다', (24)'윗사람에게 손바닥을 위로 하여 흔들며 부르다', (25) '윗사람을 검지를 구부려서 부르다', (26) '윗사람을 검지로 가리키다'이다. 이러한 결과는 영미 유럽 지역 학습자들이 아시아 지역 학습자와는 달리 특별히 공손성 인지가 부족한 부분이 있음을 보여 준다.

〈표 3-34〉에서 나타난 바와 같이, 영미 유럽 지역 학습자들은 윗사람 앞에서 다리를 꼬아 앉는 것이 자연스럽다고 여기고 있으며(한국 a=2.13, 영미 유럽 a=2.97, p〈.01) 윗사람 앞에서 주머니에 손을 넣고 있는 자세를 취한다든지(한국 a=2.05, 영미 유럽 a=2.53, p〈.01) 윗사람을 검지로 부르거나(한국 a=1.24, 영미 유럽 a=1.56, p〈.01) 검지로 가리키는 것에(한국 a=1.25, 영미 유럽 a=1.53, p〈.05) 대해 모어 화자에 비해서 공손성에 위배된다고 보는 정도가 매우 낮다. 이를 통해 아시아 지역 학습자에 비해 영미 유럽 지역 학습자들이 한국 신체언어의 공손성에 대한 이해가 더 부족함을 알 수 있다. 따라서 영미 유럽 지역 학습자들에게 공손성을 드러내는 한국어 교육용 신체언어에 대한 교수·학습이 보다 필요해 보인다.

63) 지역별 공손성 인지도 응답 분석표에서 모어 화자와 유의미한 차이가 있는 문항에만 음영 처리를 하였다.

〈표 3-34〉 영미 유럽 지역 학습자의 공손성 인지도 결과

차이가 큰 문항	17, 18, 19, 20, 21, 23, 24, 25, 26, 27, 28, 29
차이가 작은 문항	22

[3] 전체 아시아 지역 학습자의 공손성 인지도

모어 화자와 전체 아시아 지역 학습자 사이에 차이가 나는 문항은 〈표 3-35〉에서 드러나듯이, 13개 문항 가운데 7개 문항이며 이 가운데 2개 문항(19번, 21번)은 아시아권 학습자가 모어 화자보다도 공손성 인지가 오히려 높은 것으로 나왔다.[64] 따라서 아시아 지역 학습자들은 13개 항목에서 5개 항목에서 공손성 인지가 부족하다고 할 수 있는데 이는 (17) '윗사람에게 손 흔들어 인사하다', (18) '윗사람과 한 손으로 악수하다', (22) '윗사람에 앞에서 턱을 괴다', (23) '윗사람 앞에서 몸을 돌리며 두 손으로 술을 마시다(역문항)', (26) '윗사람과 시선을 계속 맞추며 이야기하다'이다.

이를 통해 아시아 지역 학습자들은 대체로 윗사람에게 고개 숙여 인사하는 문화에서 나고 자라지 않았으므로 윗사람에게 손을 흔들어 인사하는 관습을 그대로 보일 수 있음을 알 수 있다. 또한 대체로 윗사람과도 한 손으로 악수를 하며, 윗사람 앞에서 자신의 팔짱을 끼거나, 턱을 괴는 행위가 공손성에 어긋난다고 인지하는 정도가 모어 화자에 비해 낮다. 특히 '윗사람과 시선을 계속 맞추며 이야기하다'의 경우 영미 유럽 지역 학습자와 유사한 정도로 공손한 행위로 인식하면서 전체 문항 가운데 한국인 화자의 인지도와 가장 많은 차이를 나타내었다.(한국 평균 2.75, 전체 아시아 평균 4.52, $p<.01$)

외모의 유사성으로 인해 한국인이 일반적으로 아시아인에게 공손성을 보다 기대하므로 의사소통에서 오해와 갈등이 커지기 쉽다(이노미 2007). 따라서 아시아 지역 학습자들에게 한국인과 차이를 보이는 사교 기능의 신체언어에 대한 교

64) 이는 해당 문항에 대해 모어 화자보다도 공손성에서 부적절하다고 여기는 정도가 크다는 의미이다.

수·학습의 필요성이 크다고 할 수 있다.

〈표 3-35〉 전체 아시아 지역 학습자의 공손성 인지도 결과[65]

차이가 큰 문항	공손성 인지가 더 낮은 경우	17, 18, 22, 23, 28
	공손성 인지가 더 높은 경우	19, 21
차이가 작은 문항	20, 24, 25, 26, 27	

[4] 중국 학습자의 공손성 인지도

모어 화자와 중국 학습자 사이에 유의미하게 차이가 나는 문항은 〈표 3-36〉에서 보이듯이, 13개 문항 가운데 9개 문항인데 이 가운데 4개 문항은 중국 학습자가 모어 화자보다도 공손성 인지가 오히려 높은 것으로 나왔다. 따라서 중국 학습자가 공손성 인지가 부족한 항목은 총 5개 항목이다. 이는 (17) '윗사람에게 손 흔들어 인사하다', (18) '윗사람과 한 손으로 악수하다', (22) '윗사람 앞에서 턱을 괴다', (23) '윗사람 앞에서 몸을 돌리며 두 손으로 술을 마시다(역문항)', (28) '윗사람과 시선을 계속 맞추며 이야기하다'이다.

중국인들은 일반적으로 고개를 숙이고 인사하지 않으며 손을 흔들거나 한 손으로 악수하며, 윗사람 앞에서도 턱을 괴는 자세를 크게 개의치 않는다고 나타났다. 술잔을 한 손으로 주고받으며 몸을 돌려 마시는 동작을 하지 않는다. 시선의 경우에도 어른의 눈을 계속 응시를 하며 듣는 것이 바른 자세라고 여긴다. 한국인들은 한자와 유교라는 공통 요소로 묶일 수 있는 문화권의 경우 신체언어에 있어 공손성이 유사하리라는 기대를 하기 쉽고 기대가 어긋난 경우 개인적인 무례함으로 간주할 가능성이 높다(홍민표 2007). 따라서 중국 학습자들에게 공손한 정도에 차이가 있는 부분에 대해서 의식적인 교수·학습

65) 유의미한 차이가 있는 문항 가운데 모어 화자보다 공손성 인지가 낮은 경우에 실제 소통에서 문제가 될 수 있다고 보아 공손성 인지가 오히려 더 높은 경우는 음영 처리를 하지 않았다.

이 반드시 필요하다.

〈표 3-36〉 중국 학습자의 공손성 인지도 결과

차이가 큰 문항	공손성 인지가 더 낮은 경우	17, 18, 22, 23, 28
	공손성 인지가 더 높은 경우	19, 20, 21, 27
차이가 작은 문항	24, 25, 26, 29	

[5] 베트남 학습자의 공손성 인지도

모어 화자와 베트남 학습자 사이에 유의미한 차이가 나는 문항은 〈표 3-37〉에서 나타나듯이, 13개 항목 가운데 6개 항목이다. 6개 항목 가운데 2개 항목은 베트남 학습자가 모어 화자보다도 공손성 인지가 오히려 높다고 나왔는데, 이는 '윗사람 앞에서 다리를 꼬아 앉다', '윗사람 앞에서 주머니에 손을 넣다'이다. 따라서, 베트남 학습자들은 13개 항목에서 4개 항목에서만 공손성 인지가 부족하다고 할 수 있다. 공손성 인지가 부족한 문항은 (17) '윗사람에게 손 흔들어 인사하다', (18) '윗사람과 한 손으로 악수하다', (20) '윗사람 앞에서 팔짱을 끼다', (28) '윗사람과 시선을 계속 맞추며 이야기하다'이다.

베트남 학습자는 중국 학습자와 같이 윗사람에게 고개 숙여 인사하는 문화에서 나고 자라지 않았기 때문에 한국에서도 윗사람에게 손을 흔들어 인사하고 한 손으로 악수하는 관습을 그대로 보일 수 있음을 알 수 있다. 특히 베트남 사람들은 어른 앞에서 자신의 팔짱을 끼면서 인사하거나 존경을 표하는 관습이 있는데(응웬 티 흥 2017) 설문 결과에서도 '윗사람 앞에서 팔짱을 끼다'에 대해 보통(59.5%), 적절함(16.2%), 매우 적절함(2.7%)으로 가능하다고 생각하는 정도가 총 78.4%로 나타났다. 이는 한국인 화자가 가능하다고 생각하는 정도(16.9%)와 현저한 차이를 보이는 것으로 학습자의 지역적 관습이 한국인의 신체언어에 대한 판단에 영향을 줄 수 있음을 보이는 결과이다. 이에 대해서는 특별히 주의하도록 하는 교수·학습이 필요할 것이다.

〈표 3-37〉 베트남 학습자의 공손성 인지도 결과

차이가 큰 문항	공손성 인지가 더 낮은 경우	17, 18, 20, 28
	공손성 인지가 더 높은 경우	19, 21
차이가 작은 문항	22, 23, 24, 25, 26, 27, 29	

[6] 기타 아시아 지역 학습자의 공손성 인지도

한국을 기준으로 기타 아시아 지역 출신의 학습자들의 인지도 분석 결과를 보면, 〈표 3-38〉과 같이 13개 항목 가운데 8개 항목에서 유의미하게 차이가 있는데 이는 공손성을 모어 화자보다 오히려 더 높게 인지하는 2개 항목(21번, 24번)을 제하면 실제 6개 항목에서 공손성에 대한 인지가 부족하다고 볼 수 있다. 공손성 인지가 부족한 항목은 (17) '윗사람에게 손을 흔들어 인사하다', (18) '윗사람과 한손으로 악수하다', (23) '윗사람 앞에서 몸을 돌리며 두 손으로 술을 마시다(역문항)', (27) '윗사람과 물건을 두 손으로 주고 받다(역문항)', (28) '윗사람과 시선을 계속 맞추며 이야기하다', (29) '윗사람 앞에서 바닥에 다리를 펴고 앉다'이다.

〈표 3-38〉 기타 아시아 지역 학습자의 공손성 인지도 결과

차이가 큰 문항	공손성 인지가 더 낮은 경우	17, 18, 23, 27, 28, 29
	공손성 인지가 더 높은 경우	21, 24
차이가 작은 문항	19, 20, 25, 26	

중국, 베트남을 제외한 아시아 지역 학습자는 모어 화자에 비해서 윗사람에게 고개를 숙이거나 두 손을 사용하여 악수하거나 물건을 전달하지 않는 것이 공손성을 위배하는 것이라고 여기지 않음을 알 수 있다. 또한 모어 화자가 윗사람과 대화할 때 공손성을 드러내기 위해서 시선을 피하거나 내리는

경우가 있는 반면 기타 아시아 지역 학습자들은 지속적인 응시를 공손한 것으로 여김을 알 수 있다.

3.3.4.3. 교수·학습 요구도

영역Ⅲ인 학습자 요구도 조사의 결과는 다음과 같다. 학습자들에게 한국인과 대화하면서 신체언어를 이해하지 못해 당황한 적이 있느냐는 질문에 164명 가운데 62명(37.8%)이 문제가 있었던 경험이 '있다'고 답변하였다. 이는 상당히 많은 수의 학습자가 신체언어로 인해 불편한 경험을 한 것으로 볼 수 있다.[66] 경험이 있다고 한 응답 가운데 그 경험을 적으라는 질문에 27명이 기술하였다.

기술한 답변을 기능별로 살펴보면, 사교 활동 기능에 해당하는 '고개를 숙여 인사하다(인사)', '왼손으로 오른손을 받쳐 악수하다(인사)', '술 마실 때 고개와 몸을 돌리다(주도)', '술잔 받을 때 두 손으로 들다(주도)', '두 손으로 물건 드리거나 받다(물건전달-공손)', '여자끼리 손을 잡거나 팔짱끼다(동성간 친밀)', '다리를 꼬아 앉지 않다(자세)' 등을 이해하지 못해 문제가 생긴 경우가 있었다.

태도 표현 기능 경우에는 '주먹을 쥐고 힘 있게 흔들다(격려)'를 몰랐다고 하였다. 감정 표현 기능에 해당되는 경우로 '엄지와 검지로 하트 모양 만들다(애정 표현)'를 몰라 처음에 당황했다는 답변이 있었다. 요구 및 청유의 기능에 해당하는 경우로 '손등을 위로 하여 손 전체를 까닥이다(이리 와라)'를 가라는 뜻으로 오해했다는 학습자가 있었다. 마지막으로, 정보 전달 기능에 해당하는 '엄지와 검지로 동그라미를 만들다(돈)'을 몰라 당황했다는 답변도 있었다.[67]

66) 이는 과반수는 넘지 않으나 40%에 육박하는 학습자의 불편했던 경험도 무시할 수 없는 정도라고 보인다. 또한 학습자가 인지하지 못한 의사소통 실패의 경우는 포함되지 않았을 수도 있다.

67) 학습자가 기술한 답변에서 설문 문항 외의 내용은 찾기 어려웠는데, 이는 학습자가 인지하지 못한 오해가 있거나 앞선 설문 문항의 영향으로 선택적으로 기억한 결과일 수도 있다.

이를 통해 학습자들이 대체로 의사소통 각 기능에 해당하는 신체언어를 이해하지 못해서 다양한 문제가 발생했음을 알 수 있다. 특히 관계 메시지를 전달하는 사교 활동 기능에 해당하는 신체언어 인지가 부족으로 인한 경우가 가장 많아 보인다.

한국어 수업에서 신체언어를 학습한 적이 있느냐는 질문에 164명 가운데 단 14명(8.5%)만이 '그렇다'고 답하였고 150명(91.5%)이 학습한 적이 없다고 답하였다. '그렇다'라고 응답한 학습자 가운데 배운 내용을 적으라는 질문에는 답변의 수가 9명으로 더 적었다. 적은 답변을 보면, '엄지와 검지의 끝을 엇갈려 하트를 만들기'(1명), '주먹을 쥐고 힘내라고 흔들기'(1명), '인사할 때 머리 숙이기'(2명), '왼손으로 오른손을 받쳐 악수하기'(2명), '술 마실 때 몸을 옆으로 돌리기'(3명) 등을 배운 적이 있다고 하였다. 이와 같이 학습자들이 신체언어 교수·학습에 대해 기억하는 비율이 매우 낮은 것으로 보아 한국어 수업에서 신체언어에 대한 교수·학습이 제대로 이루어지고 있다고 할 수 없다.

한국 신체언어 학습에 대한 학습자 요구도는 전체적으로 5점 척도에서 전체 학습자 평균 3.84점(최고 5점을 기준으로)으로 높게 나왔다. 국가 및 지역별로 보면 전체 아시아 지역 3.72점, 중국 3.80점, 베트남 3.89점, 기타 아시아 지역 3.41점, 영미 유럽 지역 3.94점으로 영미 유럽 지역 학습자들이 한국 신체언어의 교육 필요성을 가장 많이 느끼는 것으로 분석되었다. 이는 5점 척도 가운데 '매우 필요하다(5점)'로 응답한 비율의 경우, 전체 아시아 지역 13.6%, 중국 9.4%, 베트남 7.5%, 기타 아시아 지역 12.9%인 것에 비해 영미 유럽 지역은 19.4%로 가장 높게 나온 것을 보아도 알 수 있다. 영미 유럽 지역 학습자들이 신체언어 인지도가 대체로 가장 낮고 교수·학습에 대한 요구가 가장 높은 것으로 보아 이들에 대한 신체언어의 교육적 필요성이 매우 높다고 할 수 있다. 한편, 아시아 지역 학습자 역시 신체언어에 대한 인지도가 부분적으로 낮으며 신체언어의 교수·학습이 이루어지길 바라는 정도가 상당히 높으므로 이들에 대한 교육도 이루어질 필요가 있다고 할 수 있다. 학습자 요구도 조사 결과를 정리하면 〈표 3-39〉와 같다.

〈표 3-39〉 신체언어 경험 및 교수·학습 요구 분석

<table>
<tr><th>내용</th><th colspan="7">결과</th></tr>
<tr><td rowspan="2">소통실패 경험</td><td colspan="3">있다</td><td colspan="3">없다</td><td>계</td></tr>
<tr><td colspan="3">37.8%</td><td colspan="3">62.2%</td><td>100%</td></tr>
<tr><td rowspan="2">교수·학습 경험</td><td colspan="3">있다</td><td colspan="3">없다</td><td>계</td></tr>
<tr><td colspan="3">8.5%</td><td colspan="3">91.5%</td><td>100%</td></tr>
<tr><td rowspan="3">교수·학습 필요성
(5점 척도)</td><td>지역</td><td>전체</td><td>영미
유럽</td><td>전체
아시아</td><td>중국</td><td>베트남</td><td>기타
아시아</td></tr>
<tr><td>평균</td><td>3.84</td><td>3.94</td><td>3.72</td><td>3.80</td><td>3.89</td><td>3.41</td></tr>
<tr><td>편차</td><td>0.78</td><td>0.76</td><td>0.69</td><td>0.76</td><td>0.88</td><td>0.76</td></tr>
</table>

3.3.4.4. 조사 결과의 논의

한국 신체언어 선정 기준을 바탕으로 문헌 검토와 전문가 조사를 거쳐 신체언어 항목이 1차로 선정되었다. 이러한 신체언어 항목 가운데 학습자 수준과 요구에 맞는 항목을 다시 가려내고자 학습자 설문 조사를 실시하였다. 세 가지 영역으로 나눠진 학습자 설문 조사의 결과를 다음과 같이 정리할 수 있다.

영역Ⅰ에서는 개별 신체언어 항목에 대한 인지도 차이를 지역별로 파악하고자 하였다. 신체언어 항목을 기능 범주로 분류하여 결과 분석하였는데 사교 활동, 태도 표현, 감정 표현, 요청 및 청유, 정보 전달 등 각 범주에서 항목에 따라 낮은 인지도가 나타났다.

이를 구체적으로 살펴보면 다음과 같다. 먼저, 사교 활동 기능에서 국기의례('오른손을 왼쪽 가슴에 대다')와 같은 기본 의식 행위에 대해서 전체 학습자가 전반적으로 제대로 이해하지 못하였다. 예의를 나타내는 표현('웃으면서 입을 가리다')과 동성 간의 우정 표현('여성끼리 팔짱을 끼고 걷다')에 대해서 영미 유럽 지역 학습자들은 인지도가 특별히 낮은 것으로 보아 오해를 할 가능성이 많다고 할 수 있다.

태도 표현 기능의 경우, 평가('엄지를 세워 올리다(최고 평가)', '검지를 관자

놀이 근처에서 돌리다(머리 이상함 평가)'), 결의('주먹을 쥐고 힘차게 흔들다') 등을 나타내는 항목에 대하여 인지가 부족하였다. 이를 통해 영미 유럽 지역 뿐 아니라 아시아 지역 학습자도 구체적으로 받아들이는 의미에 차이가 있을 수 있음을 알 수 있다.

감정 표현 기능의 경우, 비교적 최근에 대중 매체의 영향으로 널리 유행하게 된 애정 표현('엄지와 검지의 끝을 엇갈려 올리다')이나 수줍음 표현('양볼에 주먹을 대고 가볍게 돌리다')에 대하여 인지가 낮았다. 특히 분노 표현('검지를 세워 머리 위에 두다') 등 문화 지역에 따라 전통적으로 다른 의미를 지닌 경우에도 이해하는 정도가 낮았다. 따라서 최근에 유행하거나 학습자의 문화에 따라 의미가 전혀 다른 신체언어 표현의 경우에는 학습자들이 주의하여 알아두어야 할 필요가 있다고 보인다.

요청 및 청유 기능의 경우, 손동작으로 행동을 지시하거나('엄지를 세워 올려 어깨 너머를 가리키다') 간청을 나타내는 경우('두 손바닥을 서로 위아래로 비비다')도 오해를 할 수 있음이 밝혀졌다.

정보 전달 기능의 경우 조직의 장('엄지를 세워 올리다'), 금전('엄지와 검지를 둥글게 모아 올리다'), 수 세는 방법('엄지, 검지, 중지를 차례로 접다') 등 지위, 사물, 수를 묘사하는 경우에도 인지가 부족한 것으로 나타났다. 정보 전달 기능은 질문이나 요청 등의 다른 기능과도 결부되는 경우가 많으므로 상황 맥락에 따라 의미를 정확히 이해할 수 있도록 교수·학습이 필요할 것이다.

영역Ⅱ에서는 한국의 의사소통에서 특별히 중요시되는 공손성에 대한 인지도 차이를 파악하고자 하였다. 공손성의 인지 차이는 지역 문화에 따른 가치 성향 차이에서 비롯된 것으로 상정하고 항목별 분석 외에 지역별로도 결과를 기술하였다.

결과를 정리하면 다음과 같다. 한국인에게 당연시 되는 공손한 표현에 대해 학습자들은 대체로 제대로 인지하고 있지 못하였다. 격식적인 자리나 윗사람에게 보이는 공손성을 중심으로 구성된 문항에서 전체 학습자는 13개 문항 가운데 8개 문항('윗사람에게 손 흔들어 인사하다', '윗사람과 한 손으로 악수하다', '윗사람 앞에서 주머니에 손을 넣다', '윗사람에 앞에서 턱을 괴다', '윗사람 앞에서 몸을 돌리며 두 손으로 술을 마시다(역문항)', '윗사람에게 두 손으로 물건을 건네다(역문항)', '윗사람과 시선을 계속 맞추며 이야기하다', '윗사람 앞에서 바닥에 다리를 펴고 앉다')에서 낮은 인지도를 보였다.

특히 영미 유럽 지역 학습자의 경우 단 한 문항인 '윗사람 앞에서 턱 괴기'를 제외하고는 공손성 인지가 한국인에 비해 매우 낮았다. 아시아 지역 학습자의 경우에도 대체로 윗사람에게 '손을 올려' 인사하고 '한 손으로 악수하'는 것이 적절하다고 응답하여 고개를 숙이거나 두 손으로 악수하는 한국식 인사법에 익숙지 않다는 것이 밝혀졌다. 또한 전체 학습자는 대체로 윗사람과 대화할 때 '시선을 계속 맞추며 이야기하'는 것이 공손한 것으로 여기고 있었다. 공손성은 의사소통에서 관계를 맺고 유지하는 데에 필요하고 더욱이 한국에서는 상황 맥락에 따라 공손성의 표현이 확연히 달라지므로 이에 대한 교수·학습이 보다 요구된다고 할 수 있다.

영역Ⅲ에서는 한국어 교육에서 신체언어의 교수·학습에 대한 요구를 조사하였는데 결과를 정리하면 다음과 같다. 신체언어에 대해 인지하지 못해 의사소통의 실패를 경험한 적이 상당히 있으며(37.8%) 이에 비해 한국어 수업에서 학습한 경험은 미흡하였다(8.5%). 무엇보다 교수·학습의 필요성에 대해 학습자는 5점 만점 기준으로 3.84점으로 상당히 크게 생각하고 있었다.

3.3.1.에서 설문 조사를 통해 구체적으로 파악하고자 한, 학습자 인지도 양상, 한국어 수준에 따른 차이 유무, 문화권에 따른 차이 양상, 교수·학습 요구도에 대한 결과를 다음과 같이 정리할 수 있다.

(1) 외국인 학습자의 신체언어 인지도는 모어 화자에 비해 상당히 낮다.

기능별 신체언어에 대한 인지도 영역에서는 전체 외국인 학습자의 경우, 16개 문항 가운데 10개 문항에서 한국인과 다르게 이해하는 것으로 나타났다. 영미 유럽의 경우 13개 문항에서 차이가 있다고 분석되어 인지도가 크게 낮음을 알 수 있다. 공손성에 대한 인지도에는 전체 학습자의 경우 13개 문항 가운데 8개 문항에서 차이를 보였다. 영미 유럽의 경우는 1개 문항을 제외한 대부분의 문항(12개 문항)에서 모어 화자와 차이를 보였고, 아시아권의 경우에도 부분적으로(7개 문항) 의미 있는 차이가 나타났다. 전반적으로 학습자들은 신체언어에 대한 인지가 상당히 낮으며 따라서 교수·학습이 이루어질 필요가 있다고 하겠다.

(2) 한국어 수준에 따라 신체언어를 인지하는 데에 차이가 크지 않다.

신체언어의 기능별 인지도 영역에서는 단 1개 문항에서 수준 간 차이가 있었고 공손성 인지도 영역의 경우에는 13개 문항 가운데 3개 문항에서 수준 간 차이가 있었다. 따라서 학습자의 한국어 수준에 따라 신체언어에 대한 인지도에는 전반적으로 차이가 크지 않다고 할 수 있다. 이렇게 신체언어 인지도가 대체로 낮으며 한국어 수준별 차이가 크지 않다는 결과에서 신체언어에 대한 교수·학습이 제대로 이루어지지 않음을 유추할 수 있다. 또한 의도적인 교수·학습이 없다면 거주 기간이 길어진다고 해서 신체언어에 대한 이해를 반드시 잘하게 되지는 않음을 알 수 있다.

(3) 학습자의 국가 및 문화권에 따라 인지도에 차이가 있다.

대체로 아시아 학습자들이 영미 유럽 학습자보다 인지를 잘 하는 것으로 나타났다. 영미 유럽 학습자들은 특히 공손성을 이해하는 데 어려움이 큰 것으로 분석되었다. 그러나, 아시아 학습자들의 경우에도 신체언어를 이해하는 데 모어 화자와 상당히 차이가 있는 부분이 있다고 나타났다.

(4) 학습자들은 신체언어 교수·학습에 대해 필요하다고 생각한다.

신체언어 인지도가 대체로 가장 낮은 영미 유럽 학습자들이 교수·학습에 대해 필요하다고 응답한 비율이 가장 높았다. 신체언어에 대한 인지도가 부분적으로 낮은 아시아 학습자들 역시 신체언어 교수·학습의 필요성에 대해 공감하는 것으로 나타났다.

3.4. 목록 설정의 종합적 논의

한국어 교육용 신체언어의 항목 선정을 위해 2장의 이론적 논의를 토대로 신체언어의 선정 기준을 한국적 특수성, 일상성, 현재성, 의사소통 기능성, 공손성으로 설정하였다. 이에 근거하여 기존 연구에서 수집된 항목을 빈도순으로 정리하였다. 2회 이상 중복 수집된 신체언어 59개 항목에 대해 전문가 조사를 실시하였다. 한국어 교육과 관련된 연구와 경험이 풍부한 전문가들이 각 항목에 대해 7점 척도로 선정 기준을 참고로 하여 한국어 교육의 적합성에 대한 판정을 하였다. 이의 결과를 바탕으로 내용타당도 비율값(CVR)을 기준으로 적합성이 높은 항목 42항목을 선정하게 되었다. 이는 학문적이고 사회적인 시각에서 교육 내용을 선정한 것이다.

이에 더해 교육의 수요자인 학습자들의 수준과 요구가 고려될 필요가 있다. 따라서 본서에서는 1차 선정된 목록을 바탕으로 학습자들의 인지도와 요구도 조사를 거쳐 개인적 요구에 부합하는 2차 목록을 마련하였다.

1차로 선정된 42개 항목에서 학습자 면담 조사와 설문 조사를 거쳐 2차로 선정된 항목은 25개였다. 먼저, 면담 조사를 통해 학습자들이 직관적으로 이해가 가능한 13개 항목을 제외하고 29개 항목으로 본조사 설문지가 구성되었다. 설문 조사를 통해 문화권에 따른 인지도 차이를 알기 위해 학습자를 6개 지역 범주로 나누어 결과 분석을 하였다.

이에 의하면 각 지역별로 인지도에 차이가 있음이 드러났다. 특별히 전체 평균값이라고 할 수 있는 전체 학습자의 인지도에 비해 대체로 영미 유럽 학습자의 인지도가 낮은 것으로 나타났다. 기능별 인지도 영역(총 16개 항목)의 경우 전체 학습자는 10개 항목에서 인지가 부족한 것에 비해 영미 유럽 학습자는 13개 항목에서 인지도가 낮았다. 공손성 인지도 영역(총 13개 항목)의 경우 전체 학습자는 8개 항목에서 인지도가 낮았으며, 영미 유럽 학습자는 12개 항목에서 제대로 인지하지 못하였다. 신체언어 학습에 대한 필요성을 느끼는 정도도 전체적으로 상당히 높았으며(5점 만점에 3.84점) 이 가운데 영미 유럽 학습자의 요구도가 가장 높게 나타났다(3.94점). 따라서 본서는 영미 유럽 학습자의 인지도 수준이 가장 낮으며 학습 요구도는 가장 높은 것을 고려하여 이 집단의 결과를 기준으로 신체언어 목록을 25개 항목으로 최종 선정하게 되었다.[68)]

1차, 2차 과정을 걸쳐 선정된 한국어 교육용 신체언어 항목을 교육 적용의 편의를 위해 기능별로 〈표 3-40〉과 같이 정리할 수 있다[69)]

〈표 3-40〉 학습자 설문 조사로 2차 선정된 신체언어

기능	형태	의미
사교 기능	고개를 숙이고 왼손으로 오른손을 받치듯 악수하다	인사-공손
	몸을 약간 돌리면서 두 손으로 술을 마시다	음주 동작-공손
	오른손을 왼쪽 가슴에 대다	국기의례
	웃으면서 입을 가리다	예의
	여성끼리 팔짱을 끼고 걷다	우정
	두 손으로 물건을 주거나 받다	전달하기-공손
	손바닥을 보이게 올려 흔들다	인사-불공손
	시선을 계속 맞추며 이야기하다	시선-불공손
	다리를 꼬아 앉다	자세-불공손
	자신의 팔짱을 끼고 있다	자세-불공손
	주머니에 손을 넣고 있다	자세-불공손
	바닥에 다리를 펴고 앉다	자세-불공손

68) 설문 조사지 항목 가운데 조사 결과 선정되지 않은 4개 항목은 '검지·중지를 벌려 세우다(사진 포즈)', '새끼손가락을 세우다(약속)', '손등을 위로 하여 손을 위아래로 흔들다(이리 와 요구)', '윗사람 앞에서 턱을 괴다(불공손)'이다.

69) '엄지를 세워 올리다(최고 평가, 우두머리)'는 두 가지 의미가 기능별로 다르므로 나누어 기입하였으나 앞서 언급한 바와 같이 항목 개수로 이중 처리하지는 않았다.

태도 표현	엄지를 세워 올리다	최고 평가
	주먹을 쥐고 힘 있게 흔들다	격려, 결의
	검지를 관자놀이 근처에서 돌리다	머리 이상함 평가
감정 표현	엄지와 검지의 끝을 엇갈려 올리다	애정 표현
	양볼에 주먹을 대고 앞뒤로 가볍게 돌리다	수줍음 표현
	양손 검지를 세워 머리 위에 올리다	분노 표현
요청 및 청유	두 손바닥을 서로 위아래로 비비다	애원/용서 간청
	엄지를 세워 올려 어깨 너머를 가리키다	나가자 지시
	손바닥을 위로 하여 안쪽으로 까닥이다	부르기-불공손
	손바닥을 위로 검지를 안쪽으로 까닥이다	부르기-불공손
정보 전달	엄지를 세워 올리다	우두머리
	엄지와 검지를 둥글게 모아 올리다	돈
	엄지, 검지, 중지를 차례로 접다	수 세기
	검지로 상대방을 가리키다	가리키기-불공손

4

신체언어 제시의 양상

신체언어 교수·학습이 어떻게 이루어지고 있는가를 파악하기 위해 한국어 교육의 목표 기술 가운데 신체언어에 대한 부분과 한국어 교재에서 제시된 신체언어의 내용과 방법을 구체적으로 살펴볼 필요가 있다.[70)]

먼저 한국어 교육의 목표를 기술한 데에서 신체언어와 관련된 부분을 찾아볼 수 있다. 국립국어원에서 한국어 교육 내용의 표준화를 위해 제출한 『표준교육과정』(2010)[71)]을 보면 〈표 4-1〉에서 나타난 바와 같이 수준별로 문화 영역에 해당하는 목표가 제시되었다. 이렇게 제시된 내용 가운데 2급에 한국 신체언어라고 볼 수 있는 '한국인의 행동 양식(인사법, 손짓, 몸짓 등)'과 '한국인의 예절(예법에 맞는 의례적 행동)'이 포함되어 있다.

〈표 4-1〉 『표준교육과정』의 수준별 문화 내용 기술(초급용)[72)]

등급	내용
1급	1. 한국인의 일상생활에서 식생활 문화를 이해한다.
2급	**1. 한국인의 행동양식(인사법, 손짓, 몸짓 등)을 이해한다.** 2. 한국인의 주생활(주거, 건축 등)의 특징을 이해한다. 3. 한국인의 식생활(음식, 음주, 식사 예절 등)의 특징을 이해한다. 4. 한국의 교통 문화(교통, 운송, 길 찾기 등)의 특징을 이해한다. 5. 한국인의 경제 활동(화폐, 구매 등)을 이해한다. **6. 한국인의 예절(예법에 맞는 의례적 행동)을 이해한다.** 7. 한국의 기후(날씨 등)의 특징을 이해한다. 8. 한국인의 의생활(한국인의 옷차림, 한복 등)의 특징을 이해한다.

70) 교수·학습의 양상 파악을 위해서는 수업 현장 분석이 포함되어야 한다. 하지만 현재는 신체언어 교육의 초기 단계라 실제 사례를 찾기 어려운 이유로 본서에서는 목표 기술과 교재 분석으로 양상을 파악하고자 하였다.

71) 상술하였듯이, 정식 명칭은 『국제 통용 한국어 교육 표준 모형 개발』(2010)이다.

72) 〈표 4-1〉, 〈표 4-2〉에서 신체언어와 관련 있는 부분을 굵은 글씨체로 표기하였다.

2010년 판을 부분적으로 수정 보완한 『표준교육과정』(2016:153-154)[73]에서는 문화 영역의 경우에 해당 요소들을 정해진 급수에서만 다루기보다 제시된 단계에서 교수·학습을 시작하고 이후 단계에는 반복적으로 다루면서 내용을 심화할 것을 제안하였다.

〈표 4-2〉에 나타난 바와 같이, 일상생활 영역 가운데 언어생활 부분에서 '한국인이 인사하는 방법', '대상과 상황에 따라 달라지는 인사 방법', '한국인의 몸짓 언어'는 언어 숙달도로 1, 2급에 해당하는 초급 단계에서 교수·학습을 시작하도록 제안되었다. 『표준교육과정』에서 언급된 '행동양식', '예절', '인사하는 방법', '몸짓 언어'는 본서에서 다루는 신체언어와 대체로 동일하다고 볼 수 있다. 이상과 같이 신체언어는 기본적인 의사소통을 목표로 하는 초급 단계에서부터 교육 되어야 할 중요한 요소로 설정되어 있음을 알 수 있다.

〈표 4-2〉『표준교육과정』의 일상 언어 생활 영역 기술

대분류	중분류	교수 내용	숙달도요구 수준		
			초	중	고
일상생활	언어생활	**한국인이 인사하는 방법**			
		대상과 상황에 따라 달라지는 인사 방법			
		한국의 흔한 성씨, 이름과 별명			
		한국의 친족 호칭			
		한국의 사회적 호칭			
		한국의 신조어, 유행어, 통신 언어			
		한국에서 자주 쓰이는 관용·비유 표현			
		한국인의 몸짓 언어			
		대상과 상황에 따라 달라지는 언어사용(존대말/반말)			
		한국인의 언어 습관(빈말 표현, 돌려 말하기 등)			

73) 상술하였듯이, 정식 명칭은『국제 통용 한국어 표준 교육과정 활용 점검 및 보완 연구』이다.

4.1. 통합 교재

한국어 교수·학습 현장에서 신체언어를 어떻게 다루는지를 확인하기 위해 수업과 평가에서 중요한 기준으로 삼는 교재를 분석하였다. 분석 대상이 되는 교재를 언어의 네 가지 기능(skills)을 중심으로 문화 영역도 포함하는 한국어 통합 교재와 언어의 기능보다는 문화 영역을 중점적으로 다루는 문화 중심 교재로 나누었다. 먼저, 한국어 통합 교재는 한국어 교수·학습 현장에서 비교적 널리 사용되는 것으로 선정하였는데 이는 다음과 같다.

『서울대 한국어』 1A. 1B, 2A, 2B, 3A, 3B, 4A, 4B, 5A, 5B, 6A, 6B(2015), 서울대 언어교육원, 문진미디어.

『연세 한국어』 1-1, 1-2, 2-1, 2-2, 3-1, 3-2, 4-1, 4-2, 5-1, 5-2, 6-1, 6-2(2013), 연세대학교 한국어학당, 연세대학교 출판부.

『외국인을 위한 한국어』 1-1, 1-2, 2-1, 2-2, 3, 4, 5, 6(2016), 한국외국어대학교 한국어문화교육원, 하우출판사.

『이화 한국어』 1-1, 1-2, 2-1, 2-2, 3-1, 3-2, 4, 5, 6(2010), 이화여자대학교 언어교육원, 이화여자대학교출판문화원.

『재미있는 한국어』 1, 2, 3, 4, 5, 6(2008), 고려대학교 한국어문화교육센터, 교보문고.

『New 서강 한국어』 1A. 1B, 2A, 2B, 3A, 3B, 4A, 4B(2015), 서강대학교 한국어교육원, 서강대학교 한국어 교육원.

『서강 한국어』 5A, 5B(2007), 서강대학교 한국어 교육원, 서강대학교 한국어교육원.

4.1.1. 명시적 설명으로 제시된 경우

통합 교재에서 제시된 목표와 내용을 살펴본 결과 총 7종 57권 교재에서 신체언어가 명시적인 목표로 제시된 경우는 4군데이고[74] 교육 내용으로 다루어지는 경우는 단 5군데에 총 19개 항목으로 나타났다. 명시적으로 분명하게 신체언어의 목표와 내용이 제시된 경우에도 제시, 연습, 활용으로 구성된 음성언어 영역에 비해서 매우 미흡하게 다루어짐을 알 수 있다. 이를 구체적으로 살펴보면 다음과 같다.

『연세 한국어』의 경우, 전체 10권의 교재 가운데 단 2곳에서 신체언어가 명시적으로 나타난다. 그러나 본문에서가 아니라 각 과의 마지막 쪽에 '제임스가 본 한국인'이란 코너에서 외국인의 눈에 특별하게 보이는 한국 문화 가운데 하나로 다루어지거나 소개하는 정도에 머물고 있다.

먼저, 1-1권 1과에서 본문의 주제인 인사하기에 관해 제임스가 한국 어른에게 한 손을 내밀고 악수하게 된 실수담을 넣어 설명하고 있다. 〈그림 4-1〉과 같이 다수 학습자 언어(언어판에 따라 영어, 일어, 또는 중어)로 씌어져 있는

Korean greeting manners.

Korean usually bow to greet when meeting others, especially, when you greet a person of higher status than you. When you need to be extra courteous, you bow by bending your body form up. If the person is your friend or is close to you, then you can bow slightly or just wave your hand.
On the other hand, these days, more people, especially men shake hands with each others. Also, in many cases when shaking hands, people tend to bow from their waist up or bends their heads. When you meet with a person with higher status than you, or when you want to be more courteous, you put your left hand under your right hand when shaking hands. ....이하 생략......

〈그림 4-1〉 신체언어가 외국어로 설명된 예1(출처: 『연세 한국어』 1-1:1)

74) 문화 영역에서 '한국인의 인사예절'(『연세 한국어』 1-1:1), '손가락으로 숫자 세기'(『연세 한국어』 1-1:5)로 제시되거나, 말하기 영역에서 '문화에 따라 차이를 보이는 몸짓언어 이해하기'(『서강 한국어』 5B:7)로 제시되며, 한 과의 목표에서 '예절 및 공중도덕'(『서울대 한국어』 2B:14)으로 제시되어 있다.

데 이는 초급 수준의 학습자들도 구체적인 내용을 상세히 알 수 있도록 하는 장치로 보인다. 이후 '여러분도 그림과 같이 인사해 보세요'라는 행동 지시 문구가 제시되어 있다. 그러나 제시된 4가지가 어느 경우에 따라 구별되는 것인지에 대한 설명이 없고 더 이상의 지시가 없어 실제 수업에서 그대로 적용하기는 어려워 보인다. 3장에서 드러났듯이 공손성과 관련된 신체언어가 학습자들이 특별히 어려워하는 부분임을 놓고 본다면, 인사하기 기능의 신체언어를 단지 문화 영역의 이해 차원에서가 아니라 본문에서 구체적인 항목으로 다룰 필요가 있다.

1-1권 5과에서도 〈그림 4-2〉와 같이 본문이 아닌 문화 영역에서 '손가락으로 숫자 세기'가 나와 있다. 이는 한국인들이 숫자를 셀 때와 수를 제시할 때 일반적으로 행하는 동작에 대해서이다. 다수 학습자의 언어로 간단히 설명되어 있고 '여러분의 나라에서 손으로 숫자를 셀 때 어떻게 합니까?'라는 비교를 유도하는 질문이 병기되어 있다. 이 과의 주제가 날짜와 시간으로 본문에서 숫자를 처음으로 다루는데 한국식으로 수를 세거나 보이는 것에 대해서는 제시하는 바가 없다. 이렇게 과의 마지막 쪽에 소개 형식으로만 제시되는 경우에 학습자가 이를 제대로 학습하리라고 기대하기 어렵다.

Counting with the fingers

It was really strange at first to see Koreans counting with the hands. In my country when people count, we clench our fist and then unfold fingers one by one. On the contrary, Koreans unfold their hand and told the fingers one by one starting with the thumb. But it is different when indicating orders. First is unfolding the pointer finger. Second is unfolding the middle finger. The fourth finger for third. And the fifth finger for fourth. And they unfold all fingers with the thumb to indicate the fifth. What do you think? Isn't it interesting? Now you try it.

여러분 나라에서 손으로 숫자를 셀 때 어떻게 합니까?

〈그림 4-2〉 신체언어가 외국어로 설명된 예2(출처: 『연세 한국어』 1-1:5)

『외국인을 위한 한국어』의 경우 단 1곳에서 신체언어를 명시적으로 제시하고 있는데, 3권 10과에서 〈그림 4-3〉과 같이 질문 형식으로 나타나 있다. 제시된 신체언어는 단 4개로 '검지를 세워 올려 입에 갖다 대다(침묵 요구)', '엄지를 세워 올리다(최고, 우두머리)', '머리 위로 양팔을 하트 모양으로 하여 올리다(애정 표현)', '엄지와 검지를 둥글게 모아 올리다(OK, 돈)'이다. 여기에는 목표의 제시가 없으며 본문의 주제나 음성언어와의 관련성도 찾을 수 없다. 이에 대한 지시문으로 '여러분이 알고 있는 행동이나 표현을 친구들에게 소개해 주십시오.'가 있는데 여기서 '행동이나 표현'이 한국 신체언어를 의미하는지 학습자 문화권의 신체언어를 의미하는지도 분명하지 않으며, 더 이상의 설명이나 연습 지시가 있지 않다. 이러한 방식으로는 한국 신체언어에 대해 학습자들이 충분히 인지하리라고 보기가 어렵다.

〈그림 4-3〉 신체언어가 개방형 질문으로 제시된 예(출처: 『외국인을 위한 한국어』 3:10)

『서강 한국어』의 경우 고급 단계에 해당하는 5B권 7과에서 비로소 신체언어를 명시적으로 제시하고 있다. 말하기 영역에서 '문화에 따라 차이를 보이는 몸짓언어 이해하기'라는 목표를 제시하고 신체언어 항목을 다루고 있다.

제시된 한국 신체언어는 모두 13개로 '두 손으로 물건을 전달하다(공손)', '두 손으로 악수하다(인사-공손)', '검지와 중지를 올려 V모양을 만들다(자랑)', '시선을 낮추다(공손)', '검지를 세워 입에 대다(침묵 요구)', '검지부터 올려 보이다(수 보이기)', '손날로 목옆 근처를 치는 시늉하다(해고, 위협)', '손등을 위로 하여 까닥이다(부르기)', '새끼손가락으로 상대방과 걸다(약속)', '엄지를 세워 올리다(최고, 우두머리)', '엄지와 새끼손가락을 펼쳐 귀와 입 옆에 대다(전화)', '양 검지를 머리 위에 세우다(분노)', '엄지, 검지를 둥글게 모아 올리다(OK, 돈)'이다.

한국의 몸짓언어에 대한 문제를 풀어 보십시오.

1. 누가 누구에게 선물을 주는 것일까요?
① 아이가 어른에게
② 어른이 아이에게

2. 어떤 사람들이 악수하는 것일까요?
① A:젊은 남자 B:나이 많은 남자
② A:나이 많은 남자 B:젊은 남자

〈그림 4-4〉 신체언어가 선택형 질문으로 제시된 예(출처: 『서강 한국어』 5B:7)

〈그림 4-4〉와 같이 신체언어를 사진으로 제시하고 이를 이해하는지에 대한 질문을 하고 있다. 또한 '위의 상황에서 여러분의 나라에서는 어떤 몸짓을 하는지 짝과 함께 이야기해 보십시오.'라는 지시문으로 비교를 통한 이해를 유도하고 있다. 그러나 신체언어를 교수·학습을 해야 할 초급이 아닌 고급에서 다루고 있고, 그것도 단 1회에 그치고 있다. 또한 신체언어를 한 군데에 모아 제시하는 데에 중점을 두고 있어 연습과 활용이 충분하다고 할 수 없다.

『서울대 한국어』의 경우, 2B권 14과에서 어휘 영역의 목표로서 '예절과 공중도덕'이 제시되고 있다. 〈그림 4-5〉와 같이 한국의 예절을 삽화와 지문으로 나타내고 어른에게 하면 안 되는 행동에 표시하도록 되어 있다. 이 가운데 5개의 신체언어가 포함되어 있는데 이는 '한 손으로 받다(불공손)', '두 손으로 드리다(공손)', '다리를 꼬고 앉다(불공손)', '고개를 돌리고 마시다(공손)', '고개를 숙여서 인사하다(공손)'이다. 그러나 실제 연습을 유도하는 장치가 없어 예절 행동에 대한 이해 차원의 학습으로만 보인다.

〈그림 4-5〉 공손성 관련 신체언어 제시 예(출처: 『서울대 한국어』 2B:14)

이상과 같이 『표준교육과정』에서 신체언어를 초급 수준에서부터 다루어야 된다는 목표가 설정되었음에도 불구하고 실제 교재에서는 명시적인 교수요목으로 제대로 반영되지 않음을 알 수 있다.

4.1.2. 삽화로 제시된 경우

최근에 출간된 교재에서는 명시적인 교육 내용은 아니지만 사진이나 그림과 같은 삽화를 통해 표정과 몸짓 등의 신체언어가 구체적인 이미지로 나타나 있음을 알 수 있다. 따라서 교재에서 신체언어가 이미지로 제시되는 양상에 대해서 삽화를 중심으로 찾아볼 수 있을 것이다.

교수·학습에서 사용되는 삽화는 학습 내용의 이해를 돕고 보충적인 설명의 구실을 하는 사진, 그림, 도표, 연표 등을 포함한다(이은경 2009). 삽화는 교수·학습을 위해 주의 집중, 설명, 기억의 측면에서 효과가 있다(Duchastel 1978, Peeck 1993). 그런데, 한국어 교재 내 모든 삽화에서 나타난 신체언어가 그대로 교수·학습이 되고 있다고 볼 수는 없다. 삽화에 대한 명확한 언어적 제시가 없는 경우 삽화의 내용이 충분히 전달된다고 말하기 어렵기 때문이다.

또한 삽화에 드러난 모든 신체 표현이 한국 신체언어라고 볼 수 없다. 3장에서 마련된 한국 신체언어 기준인 한국적 특수성이 있고, 일상성, 현재성, 의사소통 기능성이 있으며 공손성이 구별이 되어 드러나거나, 불공손하여 주의해야 하는 신체언어를 중심으로 살펴볼 필요가 있다.

삽화를 보면, 대화 지문과 함께 검지를 세워 들거나 손바닥을 펼쳐 올리는 등의 설명을 위한 동작이 흔히 나타나는데 이는 앞서 언급한 바와 같이 인류 보편성에 가까운 동작으로 보인다. 이는 대화자와 상황에 대한 이미지 제시로 학습자의 관심을 모으고 이해를 도우려는 의도에게 비롯된 것이며 한국의 신체언어를 교수·학습을 위한 장치라고는 할 수 없다. 따라서 이러한 발화의 존형(speech-dependent) 신체언어의 경우는 분석 대상에서 제외하였다.

또한 분석 대상이 된 대부분의 초급 교재에서 일상적인 행위(음악을 듣다, 청소하다 등), 아플 때 보이는 증상(머리가 아프다, 목이 아프다 등), 운동을 하는 동작(뛰다, 수영하다 등), 감정이나 느낌(기쁘다, 슬프다, 놀라다, 배고프다, 춥다. 덥다 등) 등을 나타내는 어휘들이 이를 알기 쉽게 표현하는 삽화와 함께 제시된다. 이 역시 보면 바로 이해할 수 있는 것으로, 언어 문화와 상관없는 보편적 신체언어이다. 보편적 신체 행위를 담은 삽화는 관련된 어휘나 문법을 보다 쉽고 빠르게 이해하고 기억할 수 있도록 도와줄 수 있다. 그러나 이러한 신체언어는 한국 신체언어를 교수·학습을 위한 경우라고 볼 수 없으므로 분석에 포함하지 않았다.

본서는 한국적인 신체언어가 명확히 드러난 삽화만을 분석 대상의 중심으로 삼고, 단원 전개에서 도입에 사용된 삽화, 말하기 등 기능 영역에 나오는 삽화, 그 외 읽기나 문화 영역에 나오는 삽화를 포함하였다. 교재별로 해당 권 및 과, 의사소통 기능, 신체언어 표현(형태와 의미), 제시 방법, 관련 음성언어 및 문화 등으로 나누어 신체언어가 제시된 양상을 분석하였다.

분석 결과 명시적인 설명 없이 삽화로만 신체언어가 제시된 양상[75]을 교재별로 나타내었다. 이를 제시하면 〈표 4-3〉~〈표 4-8〉과 같다.

〈표 4-3〉『서울대 한국어』의 신체언어 제시 양상

권: 단원	기능	신체언어 표현	제시 양상	관련 음성언어 및 문화
1A:1	인사하기	한 손으로 악수한다. 고개를 숙여 인사한다. 손 좌우로 흔들며 인사한다.	도입- 사진 말하기- 그림	안녕하세요. 만나서 반가워요. 안녕히 가세요. 안녕히 계세요.
	소개하기	손을 펼쳐 자신/상대방을 가리킨다.	문법- 그림 말하기-그림	N은 N이에요
	인사하기(전통)	큰절하기	문화-사진 (여러 나라 전통식 인사하기)	전통 인사

75) 이는 삽화로만 제시되어 있는 경우이므로 한국 신체언어가 드러난다고 해도 교수·학습이 이루어지고 있다고 분명히 말할 수는 없다.

1A:2	가리키기	사물을 검지/손전체로 가리킨다.	문법-그림	이거/그거/저거는 N이에요
1A:6	평가하기	(최고, 아주 좋음) 엄지를 세워 보인다.	문법-그림 문화-사진	N이 A어요
1A:8	답하기	(수락, 기대) 고개를 끄덕이며 두 손을 모아 가슴에 댄다.	문법-그림	V-할까요? 네, 좋아요
1B:9 :10	가리키기 권유하기	(사진 속 인물을) 손 전체로 가리킨다. (점원)물건을 (양)손 전체로 가리킨다.	도입-사진 문법-그림	N이세요 V아 보세요
2A:1	소개하기	(자기 소개)서서 두 손을 모아 자신을 가리킨다. 손을 펼쳐 상대/자신을 가리킨다.	도입-사진	N이라고 합니다
2A:2	부정하기	양/한 손바닥을 밖으로 세워 올려 좌우로 흔든다	문법-그림	V-을 할 줄 알다/모르다
2A:7	(방향)가리키기	손 전체나 검지로 가리킨다.	도입-그림	길 가르쳐주기
2B:13	불확실 표현하기	양 어깨를 올리고 두 손바닥을 밖으로 펼쳐 올린다.	문법-그림	A/V-을지 모르겠다
2B:14	금지하기	한/두 손바닥을 세워 막듯이 내민다.	도입-사진	V-면 안 되다
3A:2	응원/격려하기 결심하기	주먹을 강하게 쥐고 흔든다.	문법-그림	V-라고 하다
3A:2	불평하기	미간을 찌푸리고 팔짱을 낀다 한 손을 허리에 대고 다른 손은 상대에게 검지를 내민다.	말하기-그림	V-느라고 언제나/무슨 N이나

3A:5	사과하기	(손님에게) 두 손을 모으고 몸을 굽힌다.	도입-사진 말하기-그림	V-을걸 (그랬다) N이라도
3B:11	(면접)공손자세	(여성 피면접자)다리를 모아 앉고 두 손을 모아 얹는다. (남성 피면접자) 다리를 나란히 하여 앉고 양손을 무릎에 얹는다.	도입-그림	A-다면 V-는다면 N이라면 무엇이든지/무슨 N이든지
3B:15	(공손)부탁하기	(직원이 손님에게) 한손은 옆으로 붙이고 한손을 내민다.	문법-그림	V-게 하다
4B:11	질책/비난하기	인상을 찌푸리며 검지를 세워 상대에게 향한다.	도입-사진	욕해 대다
4B:11	반대/이의표시하기 긍정/동의표시하기	미간을 찌푸리고 팔짱을 끼고 상체를 뒤로 젖혀 앉는다. 미소를 지으며 상체를 앞으로 기울여 앉는다.	말하기-그림	V-으려다가 A/V-을지도 모르다
4B:12	불만 표시하기 항의하기 불가능 표시하기	표정을 굳힌 채 양팔을 굽혀 허리에 댄다. 화난 표정으로 주먹을 머리 위나 얼굴 높이로 들고 흔든다. 미안한 표정으로 두 팔을 X자 모양으로 엇갈려 보인다. 불만스런 표정으로 팔짱을 낀다.	어휘-그림	A-인가? N마저
4B:17	인사하기 (오랜만에 만나)	두 손을 서로 잡는다. 어깨나 등, 허리 등을 감싼다.	말하기-그림	A-다 싶다 V-는다 싶다 V-곤하다 A/V-았었

5A:4 (1)	비난하기, 성취 기뻐하기	검지를 곧게 하여 흔든다. 두 주먹을 쥐고 머리 위로 쳐든다.	도입-사진	직장 생활
5A:5 (2)	(전통)좌식 자세	무릎 꿇고 앉는다. 한쪽 다리는 접어 누이고 다른 한 무릎을 세우고 앉는다.	읽기-그림	좌식 자세
5A:6 (1)	응원하기	한/양 주먹을 굳게 쥐고 흔든다.	어휘-그림	응원문화

〈표 4-4〉『연세 한국어』의 신체언어 제시 양상

권: 단원	기능	신체언어 표현	제시 양상	관련 음성언어 및 문화
1-1:1 (1)	소개하기	두 손을 앞으로 모으고 고개 숙여 인사하다.	도입-그림	안녕하십니까? 저는 N입니다
		손을 펼쳐 가리키며 소개하다.	문법연습 (과제)-그림	N은 N입니다 N이 아니다
1-1:1 (4)	소개받아 인사하기	(소개받은 윗사람) 가볍게 고개를 숙여 인사한다. (소개받은 아랫사람) 고개와 허리를 숙여 인사한다.	도입-그림	V-합니다/합니까?
2-1:1 (1)	회사에서 소개하기	(소개 받고) 가볍게 고개를 숙인다.	도입-그림	N든지, V/A-기 때문에
3-2:6 (4)	부탁하기, 거절하기	(부탁하는 상관 앞에) 두 손 모으며 거절한다.	도입-그림	V/A-을 것 같은데요
4-1:5 (2)	(전통)절하기	(혼례복 입은 남녀) 맞절한다.	읽기-그림	전통 혼례 절차, 폐백
5:3	면접하기	(면접을 보는 남녀) 다리를 모아 앉는다. (여자) 두 손을 모아 쥐고 곧은 자세를 취한다.	도입-사진	면접

〈표 4-5〉『외국인을 위한 한국어』의 신체언어 제시 양상

권: 단원	기능	신체언어 표현	제시 양상	관련 음성언어 및 문화
1-1:5	인사하기	고개 숙여 인사한다. 윗사람은 한 손으로, 아랫사람은 두 손 악수한다.	도입-그림	안녕하세요. 저는 N입니다.
1-2:18	손님과 주인으로 서로 인사하기	(집들이 시 남자 주인)한 손을 높이 흔든다.(여자 주인)두 손을 앞으로 모아 인사한다.	도입-그림	N 전/후
1-2:26	부탁하기	두 손을 깍지 낀 채 부탁한다.	말하기-그림	도와주다 (시간)이 되다/안되다
2-1:1	관공서 예절	(직원) 두 손으로 주고받는다. (경찰관)두 손 모으고 서 있다.	도입-사진	V-아도 되다 V-으면 안되다
2-2:18	면접보기	(남녀)정장 차림에 다리를 모으고 허리를 곧게 하여 앉는다.	도입-사진	A-아 보이다 N처럼 보이다
2-2:20	소개팅에서 인사하기	(여자) 정장 차림에 다리를 모으고 두 손을 모아 무릎 위에 둔다. (남자) 다리를 가지런히 모아 앉는다.	도입-사진	V-지요? 왠 N
2-2:29	여러 나라의 인사	고개 숙여 인사하기, 한복 입고 큰절하기.	듣고 말하기-사진	반말 A군요 V는군요
3:24	면접 보기	(아르바이트 채용면접 시 피면접인) 정장차림에 다리를 모아 앉는다.	말하기-그림	V-을지도 모르다 -던 -다는 말을 듣다
3:25	결심하기	주먹을 굳게 쥔다.	도입-사진	V-아 버리다 V-다고 해놓고
4:7	인사하기	국가별 다양한 인사 동작	도입-그림	여러 나라의 인사 문화

〈표 4-6〉『이화 한국어』의 신체언어 제시 양상

권:단원	기능	신체언어 표현	제시 양상	관련 음성언어 및 문화
1-1:2	인사하기 소개하기	(지나치면서) 서로 손을 흔든다. (정장을 입은 남녀)한손으로 악수한다. (소개 받은 어른)고개를 조금 숙인다. (아랫사람) 두 손을 모으고 고개와 허리를 숙인다.	도입-사진	-입니다 -가 아닙니다
1-1:4	가리키기	검지로 사물을 가리킨다.	도입-그림	이, 그, 저
2-1:1	첫인사하기	고개를 가볍게 숙인다. 한 손으로 악수한다.	도입-사진	-라고 하다. -ㄴ지
2-1:5	경험 말하기.	사진 포즈(V사인, 주먹 들기)	도입-사진	V-는군요, V-는 적이 있다
3-2:11	아이 칭찬하기	(엄마가 아이에게) 머리를 쓰다듬는다.	어휘-그림	칭찬받다
3-2:14	나라별 인사하기	(한국식) 큰절하기	읽어봅시다-사진	세계의 인사 문화
6:7	(전통)의례 동작	돌, 관혼상제 등 전통적 의례 활동	도입-사진	전통 문화

〈표 4-7〉『재미있는 한국어』의 신체언어 제시 양상

권:단원	기능	신체언어 표현	제시 양상	관련 음성언어 및 문화
1:1	자기 소개하기	(서양인 남녀) 두 손으로 명함을 주고받는다.	도입-사진	N는 N이에요.
1:5	(방향) 가리키기	(한국인이 외국인에게) 검지로 길을 가리킨다.	도입-사진	N이 N에 있다/없다 N으로 가다

1:10	(사물) 가리키기	(한국인이 외국인에게) 버스 노선표를 검지로 가리킨다.	도입-사진	V-아야 되다/하다 N에서, N까지
1:14	주고받기	(직원과 손님) 물건을 두 손으로 주고받는다.	도입-사진	V-습니다 V-십시오 V-십시다
1:15	물건 들기	(약사가) 약을 두 손으로 들고 설명한다.	도입-사진	V-아도 되다 V-으면 안되다 V-지 말다
2:1	소개하기와 인사하기	(여자가 중간에서 두 남자를 소개) 외국인 학생은 상체를 숙인다. 한국 어른은 고개를 약간 숙이면서 한 손으로 악수한다.	도입-사진	V-고 있다 N이 아니다 N이 되다
2:5	길 가리키기	검지로 방향을 가리킨다.	도입-사진	쭉 가다. 나오다.
2:8	물체 가리키기	(한국인이 외국인에게) 손바닥을 편 채 버스를 가리킨다.	도입-사진	-기는 하다 -는게 좋겠다 -은데
3:10	초대 손님과 주인으로 인사하기	(한국 가정집에 초대받은 남자는 집주인과) 악수한다. (나머지 사람들) 여주인에게 고개 숙여 인사한다.	도입-사진	집들이 -으려다가 -지 알다/모르다
4:10	(전통)절하기	혼례복 입은 남녀가 절하는 모습	읽기-그림	전통 혼례 문화
5:3	면접 보기	(면접을 보는 남녀) 다리를 모으고 앉는다. (여자) 두 손을 모아 쥐고 곧은 자세를 취한다.	도입-사진	면접

〈표 4-8〉『New 서강 한국어』, 『서강 한국어』의 신체언어 제시 양상

권: 단원	기능	신체언어 표현	제시 양상	관련 음성언어 및 문화
1A:1	인사와 소개하기	한 손을 편 채 바깥으로 내민다. 손을 편 채 가슴에 댄다.	도입-사진 말하기-그림	N이에요
1A:4	위치, 방향 가리키기	손바닥을 편 채 방향을 가리킨다.	도입-사진	N가 N에 있어요
1A:6	금지하기	손바닥을 상대를 향해 막듯이 올려 세운다.	말하기, 문법-그림	V-지 마세요
2A:6	제안하기 거절하기	손목을 엇갈려 X를 만들어 보인다.	도입-사진	V-기로 했어요 V/A-으니까
2B:8	면접 보기	허리를 펴고 양손을 내린 자세로 서서 이야기한다.	말하기-그림	(격식체)습니다. -냐고 하다
3A:1	직장 내 소개와 인사 하기	(신입사원) 왼손으로 오른손을 받치고 상체를 숙이며 상관과 악수한다. (상사) 가볍게 고개를 숙이며 한 손으로 악수한다.	도입-사진	N-인데 V/A-은 지(시간)됐다
	(전통)절하기	한복 입고 큰절하기	듣고 말하 기- 그림	설날 활동(큰절 등)
3B:6	불만 표시하 기, 변명하기	팔짱을 끼고 화난 표정을 짓는다. 몸을 약간 숙인 채 두 손을 맞대어 비빈다.	도입-사진	V/A-느라고 V-는 줄 알았다
	사과하기	미안한 표정으로 손을 바깥으로 벌려 내민다.(나무라는 친구는) 검지를 흔든다.	말하기-그림	V-는 줄 알았다
4A:4	고민 말하기, 조언하기	고민, 당황, 환희 등의 감정과 인사, 조언, 감사 등의 동작이 만화로 제시	말하기-말 풍선에 대 사 넣기	V-기 (어렵다/힘들다) V-도록 하세요

통합 교재 초급 앞부분에서 주로 제시되는 인사하기 기능의 경우 도입과 말하기에서 인사에 해당하는 한국 신체언어가 대부분 삽화로 표현되어 있다. 그러나 〈그림 4-6〉에서 나타난 바와 같이 병기된 질문은 대체로 음성언어 표현만을 다루고 있으며 신체언어에 대한 의식적인 집중을 위한 고려는 하지 않고 있다.[76)]

이때 '어떻게 이야기합니까?'라는 음성언어 관련 질문 외에도 '어떤 동작으로 인사합니까?' 등 의식적으로 신체언어에 집중하여 말하거나 표현하도록 하는 질문이 명시적으로 제시되어야 할 것이다. 이러한 명시적 지시문을 통하면 한국에서 인사하는 동작이 상황과 상대방에 따라 달라짐을 의식적으로 깨닫고 구체적인 형태와 의미를 이해하는 교수·학습이 이루어질 수 있을 것이다.

리에와 웨이가 무엇을 합니까?
리에와 웨이가 어떻게 이야기합니까?

〈그림 4-6〉 '인사하기' 신체언어의 삽화 제시 예1(출처: 『연세 한국어』 1-1:1)

예외적으로 다음 〈그림 4-7〉과 같이 '친구와 같이 한국어로 인사해요.'라

76) 삽화에 대해 학습자들이 해야 할 지시가 제시되지 않은 경우 삽화 관련 정보에 제대로 주의를 기울이지 않게 되므로 삽화의 효과가 감소하는 것으로 밝혀졌다(Pinto & Ametller, 2002). 따라서 학습 효과를 높이기 위해서 삽화와 관련된 질문과 과제 등을 유도하는 명확한 지시가 수반되어야 한다(Peeck 1993).

는 실제 활동 지시가 병기되어 활동으로 유도한 예가 있다. 그러나 이 지시문으로는 음성언어에만 집중하여 연습할 가능성이 크다. 이 경우에 신체언어에 대한 분명한 어구를 넣어 '친구와 같이 한국어와 한국 동작으로 인사해요.'와 같은 지시문을 제시하면 신체언어도 더불어 교수·학습 효과를 얻을 수 있을 것이다.

① 이 사람들이 무엇을 합니까?
② 친구와 같이 한국어로 인사하세요.

〈그림 4-7〉 '인사하기' 신체언어의 삽화 제시 예2(출처: 『외국인을 위한 한국어』 1-1:5)

한국어 통합 교재 분석 결과를 종합해 보면, 신체언어에 관한 『표준교육과정』의 목표 설정과 기존 연구의 중요성에 대한 논의에 비해서 아직까지 신체언어가 교육적으로 제대로 구체화되어 있지 못하다는 결론을 내릴 수 있다. 교재에서 한국 신체언어를 학습 목표나 항목으로 충분히 제시한다고 보기 어렵다.

대부분의 신체언어는 주로 삽화에서만 나타나는데 이를 문자로 명시적으로 드러내어 의식적인 교수·학습이 이루어지도록 하는 장치가 부족하다. 분석 대상이었던, 비교적 최근에 개정된 교재에서는 삽화에서 신체언어를 구체적으로 찾아볼 수 있는 경우가 있다. 이를 기능으로 연결시키자면, 인사하기, 소개하기, 가리키기, 평가하기, 제안하기, 답하기, 거절하기, 권유하기, 부정하기, 불평하기, 후회하기, 사과하기, 부탁하기, 질책/비난하기, 격려하기, 결심하기, 전통 인사/좌식 예절, 사물/행동 나타내기, 감정 표현하기 등이다.

구체적인 항목으로는 '고개와 허리를 숙이기(인사-공손)', '고개를 숙이고 왼손으로 오른손을 받치듯 악수하기(공손)', '한 손으로 악수하기(인사)', '손을 들거나 흔들다(인사)', '손을 펼쳐 자신 및 상대방을 가리키기', '두 손으로 물건 주거나 받기(공손)', '팔과 다리를 모으고 서기 및 앉기(자세-공손)', '바닥에 엎드려 절하기(전통 인사)', '두 손을 모아 비비기(용서 요청)', '주먹을 쥐고 흔들기(격려, 결의)', '자신의 팔짱을 끼기(불만 표현)', '책상다리로 바닥에 앉기(전통 좌식 자세)', '바닥에 한 쪽 무릎을 세우고 앉는다(전통 여성 좌식 자세)', '좌우로 손을 흔들거나 엇갈려 X 모양 만들기(부정, 금지 표현)', '두 손을 모아 비비기(용서 요청)', '검지로 상대방에게 흔들기(비난 표현)' 등으로 연결 지어 볼 수 있다.

이렇게 삽화 상으로 다양한 항목이 보임에도 불구하고 이를 교육적으로 구현되었다고 보기 어려운 것은 이에 대한 명시적인 제시 및 활동에 대한 지시가 미흡하기 때문이다(이은경 2009). 이러한 삽화를 이용하여 신체언어를 명시적으로 제시하고 연습 및 활용하는 지시가 병행된다면 신체언어의 교수·학습도 어렵지 않게 이루어질 것으로 보인다.

4.2. 문화 중심 교재

본서에서는 음성언어와 같이 신체언어를 의사소통의 기능 중심으로 항목화하여 교수·학습을 하는 데 초점을 두므로 구체적인 신체언어 항목을 구체적으로 다루는 문화 교재만을 분석 대상으로 삼았다.[77] 이러한 교재는 모두 4권으로 다음과 같다.

---

77) 이를 위해 검토된 문화 중심 교재의 수는 나찬연·박영미(2012)에서 확인된 64권과 이후 2018년까지 초·중급 수준 학습자도 볼 수 있도록 출간된 3권(『영어로 말하는 한국문화』(2014), 『세종한국문화1』(2017), 『영화로 보는 한국사회와 생활문화』(2015))을 합하여 모두 67권이다.

『문화 속 한국어 1』(2008), 전미순, 랭귀지플러스.

『문화 속 한국어 2』(2009), 전미순, 랭귀지플러스.

『생활 속 한국 문화 77』(2011), 이해영·김은영·신경선·주은경·이정란·이현의, 한글파크.

『한국어 학습자를 위한 한국 예절과 문화』(2014), 신호철 외, 소통.

『문화 속 한국어 1』은 초·중급 학습자를 대상으로 하고 있는데 2과에서 인사, 소개, 식사, 음주 예절 등 기본 생활예절을 다루고 있다. 각 예절에는 삽화를 통해 신체언어를 중심으로 보여주고 있는데 제시된 신체언어는 모두 6개로 '몸을 굽혀 인사하다', '두 손으로 악수하다', '손을 좌우로 흔들며 인사하다', '바닥에 엎드려 절하다', '두 손으로 술을 따르다', '몸을 돌려 술을 마시다'이다. 그런데 〈그림 4-8〉에서 보이듯이, 예절별로 그림과 더불어 관련된 질문과 이에 대해 설명하는 형식의 응답으로 대화문이 구성되어 있는데 이는 일상적 담화라고 보기 어렵다. 또한 대화문 이후에는 이와 관련된 음성언어를 익히는 연습 문제만이 제시되어 신체언어를 연습하고 실제로 활용할 수 있는 장치가 부족해 보인다.

가: 어른과 같이 술을 마실 때는 어떻게 해요?
나: 어른이 술을 권하면 인사하고 술을 받아요.
어른이 마시고 난 후에 마시면 돼요.
가: 술잔을 받을 때는 어떻게 해요?
나: 두 손으로 술잔을 잡고, 몸을 옆으로 돌려서
술을 마셔요.
가: 어른들께 술을 드릴 때는 어떻게 해요?
나: 오른 팔 아래에 왼손을 붙이고 술을 따르면
돼요.

〈그림 4-8〉 신체언어의 질의·응답식 제시 예(출처: 『문화 속 한국어』 1:2)

『문화 속 한국어 2』는 중급 이상의 학습자를 대상으로 구성하였는데 13과는 단원 전체 주제를 몸짓 언어로 설정하고 학습 내용도 구체적인 신체언어 표현을 도입에서 명시적으로 제시하였다. 신체언어 항목은 모두 10개로 '여성끼리 팔짱을 끼고 걷다', '삼삼칠 박수', '"저요" 하며 손들다', '머리 위로 양손으로 하트를 만들다', '손등을 위로하여 흔들어 부르다', '엄지와 검지로 말아 올려 돈 표시하다', '새끼손가락을 걸고 약속하다', '수 세기', '엄지와 새끼손가락을 펼쳐 전화표시하다', '새끼손가락을 펼쳐 약속을 나타내다'이다. 도입 이후 개별 신체언어에 대한 그림과 설명식 지문으로 제시되어 있다. 그런데 이와 더불어 제시된 문제는 〈그림 4-9〉와 같이, 신체언어에 대한 지식만을 확인하고 있다. 충분한 연습과 활용 부분 없이 단순한 정보로서 다루는 방식으로는 신체언어의 교수·학습이 제대로 이루어진다고 볼 수 없다.

다음 내용을 읽고, 맞으면 ○, 틀리면 ×표 하세요.

① 남자끼리 팔짱을 끼고 다녀도 괜찮아요. ( )
② 삼삼칠 박수는 세 번, 세 번, 일곱 번씩 모아 치는 박수예요. ( )
③ 엄지와 검지손가락을 모아 동그랗게 하는 것은 '돈'을 의미해요. ( )
④ 사람을 부를 때 손바닥을 위로 해서 앞뒤로 흔들어요 ( )
⑤ 1부터 숫자를 셀 때에는 새끼손가락을 먼저 펴요. ( )

〈그림 4-9〉 신체언어의 연습 문제 제시 예(출처: 『문화 속 한국어』 2:13)

『생활 속 한국 문화 77』은 중급 이상의 학습자를 대상으로, 한국의 일상문화에 대해 외국인이 오해하여 벌어지는 이야기를 만화와 일기 형식으로 구성하였다. 제시된 문화 항목 가운데 신체언어는 모두 13개로 '고개와 허리를 굽혀 인사하다', '왼손으로 오른손을 받치듯 악수하다', '손 흔들며 인사하다', '몸 돌려 술 마시다', '두 손으로 술잔을 따르거나 받다', '자신의 팔짱 끼지 않다', '다리를 꼬지 않고 바르게 앉다', '두 손으로 물건 전달하다', '숫자 세기', '숫자 표시하기', '손등을 위로 하여 흔들어 부르다', '손을 펼쳐 자신을 가리키다', '새끼손가락으로 약속을 표시하다'이다. 인사하기와 술마시기 부분은

〈그림 4-10〉에 나타난 예와 같이 4컷 만화와 일기 형식으로 보다 흥미롭고 자세하게 다루고 있으며, 나머지 신체언어에 대해서는 그림과 설명하는 형식으로 간략하게 제시되어 있다.

고개를 돌리고 마셔요

오늘은 대학원에 들어와서 처음으로 교수님들과 학생들이 모두 모여서 개강 파티를 하는 날이다. ....중략...... 그런데 유리하고 친구들이 모두 고개를 돌리고 술을 마시는 게 아닌가? 내가 당황해서 눈치를 살피고 있으니까 유리가 "어른 앞에서는 고개를 옆으로 돌리고 마셔야 해."하고 알려 주었다. 한국에는 술 마실 때도 지켜야 하는 예절이 있구나, 역시 예절은 나라마다 다르고 복잡하다.

〈그림 4-10〉 신체언어의 만화 및 일기 형식 제시 예(출처: 『생활 속 한국 문화 77』 7과)

『한국어 학습자를 위한 한국 예절과 문화』는 중급 수준의 학습자를 대상으로 한 예절 중심의 문화교재로, 한국의 일상적인 생활 예절을 외국인 학습자가 겪는 에피소드 중심으로 제시하고 있다. 이 가운데 한국 신체언어가 포함된 경우는 모두 5개로 보이며 '고개와 허리를 굽혀 인사하다', '두 손으로 악수하다', '손을 들어 흔들다(인사)', '두 손으로 술을 따르다', '몸을 돌려 술 마시다'이다. 이 교재에서 제시된 기타 다양한 신체언어가 반드시 한국 신체언어인지는 분명하지 않다.

예를 들어 〈그림 4-11〉과 같이 5장 학교 예절을 주제로 다룬 경우에, 교실에서 하는 잘못된 행동으로 '수업 중에 음식을 먹다', '책상 위에 앉아 이야기하다', '수업 중에 이어폰을 끼고 음악을 듣다' 등이 나타나 있다. 이는 모두 한국적이라기보다 정도의 차이는 있어도 다른 나라에서도 대체로 예의가 아닌 행위로 볼 수 있다. 교실에서 보이는 한국적 예절을 나타내는 신체언어라면 '고개를 숙이며 인사하고 들어오다', '다리를 꼬거나 벌리지 않고 나란히 하여 앉다', '자신의 팔짱을 끼지 않다', '주머니에 손을 넣지 않다', '턱을 괴지 않다' 등을 제시할 수 있을 것이다.

〈그림 4-11〉 불공손한 신체언어 제시 예(출처: 『한국어 학습자를 위한 한국 예절과 문화』 5과)

이상과 같이 문화 중심 교재 가운데 신체언어를 제시하는 경우에 대부분은 설명하는 형식으로 정보 전달에만 그치고 있고 학습자가 의사소통을 위해 수업에서 실제로 활동으로서 연습할 수 있는 기제가 마련되어 있지 않았다. 삽화와 더불어 구체적으로 제시한 경우에도 알아야 할 생활 예절 가운데 한 부분으로 다루고 있다. 이는 신체언어에 대한 이해를 중심으로 한 구성으로 보이며 실제 사용을 하기 위한 연습과 활용에는 미흡하다고 할 수 있다.

4.3. 교재 분석의 종합적 논의

현재 한국어 교육에서 한국 신체언어 교육이 이루어지는 양상을 파악하기 위해서 『표준교육과정』의 목표 제시와 한국어 통합 교재와 문화 중심 교재의 내용을 분석하였다. 이를 종합하여 정리하자면, 신체언어 교육에 대한 목표 설정은 제시되었으나, 이를 실제 교재에서 다루는 경우는 매우 드물며, 다루는 경우에도 언어 항목으로서 명시적으로 제대로 이루어지고 있다고 볼 수 없다.

목표 설정으로, 『표준교육과정』에서는 한국인의 인사법, 손짓, 몸짓과 한국인의 예법에 맞는 의례적 행동 등을 한국어 교육에서 교수·학습이 되어야 할 내용으로 명시하고 있다. 이러한 내용으로 초급에서부터 시작하고 이후 반복 심화하도록 제시되었다.

반면, 현재 통용되는 한국어 통합 교재와 문화 중심 교재 61권 교재를 살펴보면 제시되는 정도가 매우 부족하다고 할 수 있다. 57권의 한국어 통합 교재에서 신체언어를 명시적인 교육 내용으로 제시한 경우는 총 5군데로 초급에서 3곳, 중급에서 1곳과 고급에서 1곳에서 나타났다. 문화 중심 교재에서 신체언어가 명시적으로 나타난 경우는 총 4군데로 초급에서 1곳과 중급 수준의 교재에서 3곳에서 보인다. 항목에 대한 정리를 해보이자면 〈표 4-9〉와 같다.

〈표 4-9〉 한국어 통합 교재와 문화 중심 교재에서 제시된 신체언어

교재 내 항목 수	신체언어
한국어 통합 교재, 문화 중심 교재에 공통으로 제시된 항목 (12개)	• **엄지부터 차례대로 접다(수 세기)** • **엄지와 검지를 둥글게 모아 올리다(돈)** • **두 손으로 물건을 주거나 받다(공손)** • **머리 위, 가슴 앞 등에 하트 모양을 만들다(애정)** • **고개를 숙이고 왼손으로 오른손을 받치듯 악수하다(인사-공손)** • **손등을 위로 하여 위아래로 흔들다(부르기)** • **고개와 허리를 숙이다(인사-공손)** • **고개를 돌려 술을 마시다(주도-공손)** • **다리를 꼬아서 앉다(자세-불공손)** • 검지부터 차례대로 세워올리다(수 나타내기) • 새끼손가락으로 상대방과 서로 걸다(약속) • 엄지와 새끼손가락을 펼쳐 귀와 입 옆에 대다(전화)

한국어 통합 교재에 제시된 항목 (7개)	• 검지를 세워 입에 대다(침묵 요구) • **엄지를 세워 올리다(최고, 우두머리)** • **시선을 낮추다(공손)** • **양 검지를 머리 위에 세우다(분노)** • **한 손으로 물건을 주거나 받다(불공손)** • 검지와 중지를 올려 V모양을 만들다(자랑) • 손을 펼쳐 목옆 근처를 치는 시늉하다(해고, 위협)
문화 중심 교재에 제시된 항목 (7개)	• **여성 간 팔짱 끼고 걷다(우정)** • **팔을 들거나 흔들어 보이다(인사)** • 두 손으로 술 등을 따르거나 받다(공손) • 바닥에 엎드려 절하다(전통인사-공손) • 삼삼칠 박수치다(단체 응원) • 손을 펼쳐 올려 부르다(식당, 택시 등 부르기) • 손을 펼쳐 자신 가슴에 대다(자신 가리키기)

〈표 4-9〉에서 나타난 바와 같이 한국어 통합 교재에서 19개, 문화 중심 교재에서 19개의 신체언어가 명시적으로 나타난다. 이 가운데에 두 가지 교재에서 동일하게 다루어진 신체언어는 12개이고, 한국어 통합 교재에만 나타나는 신체언어는 7개, 문화 중심 교재에만 나타나는 신체언어는 7개이다. 이 가운데 3장에서 선정된 25개 신체언어 항목과 동일한 경우는 14개이다.[78] 이렇게 명시적으로 교재에서 다루는 경우가 적을 뿐 아니라 다루는 경우에도 이해를 위한 정보 제공 차원의 설명이나 질문 형식으로 제시하고 있으며 이에 대해 연습 및 활용을 통해 실제 적용할 수 있도록 하는 장치는 찾아보기가 어렵다. 또한 명시적인 항목으로서가 아니라 삽화에서 한국 신체언어가 음성언어 표현과 상황 이해를 돕기 위한 용도로 나타난 경우가 있는데 이 가운데에서 3장 선정 목록에서 찾아볼 수 있는 항목은 8개이다.[79]

78) 〈표 4-9〉에서 3장에서 선정된 25개 항목 중에 동일한 14개 항목을 굵은 글씨체로 표기하였다.

79) 이는 '한손으로 악수하기', '손을 들거나 흔들며 인사하기', '손을 펼쳐 자신 및 상대방을 가리키기', '두 손으로 물건 주거나 받기(공손)', '자신의 팔짱을 끼기(자세-불공손)', '책상다리로 바닥에 앉기(전통 좌식 자세)', '두 손을 모아 비비기(용서 요청)', '주먹을 쥐고 흔

요약건대, 현재 교육되는 한국 신체언어는 항목의 수도 부족하고 제시 방법도 효과적이라고 볼 수 없다. 각 교재에서 신체언어 교수·학습을 위해 항목 선정과 제시 방법에 보강이 필요하다고 할 수 있다.

들기(격려, 결의)'이다.

5

신체언어의 교수·학습 방안

이 장에서는 한국어 교육용 신체언어 목록과 교재 제시 양상에 대한 분석 결과를 바탕으로 신체언어의 교수·학습이 효과적으로 이루어질 수 있는 방안을 마련하고자 한다. 먼저, 한국어 교육용 신체언어의 전반적인 교수학습 원리를 제안한다. 이를 바탕으로, 신체언어 내용을 기능 범주에 맞춰 서술하고 이를 한국어 교육 과정의 급별 요목에 신체언어 항목을 통합시켜 적용할 수 있도록 교수·학습 내용을 구성한다. 마지막으로, 한국어 수업에서 음성언어와 신체언어가 통합적으로 교수·학습이 될 수 있는 방안을 마련하여 제시한다.

5.1. 교수·학습의 원리

본서에서는 한국어 교육에 적용할 수 있는 신체언어의 교수·학습 방안으로 기능 중심, 수준별 교수·학습, 명시적 제시, 비교의 사용을 제안하고자 한다.

먼저, 신체언어의 기능을 중심으로 교수·학습이 이루어져야 한다. 1970년대 이후 언어 교육에서 의사소통 능력이 중요한 목표로 대두되면서 언어의 정확한 형태와 의미뿐 아니라 적절한 사용에 외국어 교육의 초점이 맞추어져 왔다. Hymes(1972)는 의사소통 능력을 특정 상황에서 화·청자 상호간에 의미를 타협하면서 메시지를 전달하고 해석하는 능력으로 규정하였다.

의사소통을 중심으로 하는 한국어 교육을 위해 마련된 『표준교육과정』은 한국어 등급별 목표 기술을 위해 기능 범주를 중심으로 하고 있으며 대학 부설 기관에서 사용하는 한국어 교재에서도 매 단원의 교수요목을 기능 중심으로 명기하는 경우가 대부분이다. 따라서 성공적인 의사소통을 위해서 소통을 구성하는 양 측면인 음성언어와 신체언어 모두 기능 중심으로 다루어질 필요가 있다. 음성언어 뿐 아니라 신체언어의 경우에도 형태와 의미 및 기능에 집중하여 명확하게 인지하고 필요시 이를 사용할 수 있도록 하여야 할 것이다.

그런데 신체언어가 중심적으로 담당하는 기능에 주목할 필요가 있다. 2장에서 언급하였듯이, 신체언어는 인지적 정보보다는 화자의 태도나 감정을 드러내고 대화 참여자 사이의 관계를 유지하고 강화하는 비인지적 기능이 강하다(김영순·김연화 2007). 따라서 신체언어의 교수·학습에서는 이의 주된 기능에 보다 중점을 두어야 한다. 신체언어가 중심이 되거나 단독으로 기능하는 경우에는 자세 갖추기, 전달하기, 시선 두기, 접촉하기, 의례 표하기, 가리키기 등이 있다. 이 가운데 정보 전달 기능을 갖는 가리키기 외에는 모두 사교 활동 기능에 해당된다. 의사소통 과정에서 상대방과 관계를 맺고 이를 유지하기 위해 적절한 신체언어를 구사해야 한다. 기존에 교수·학습이 되고 있는 기능 가운데 화·청자 사이의 감정이나 태도 그리고 관계성을 드러내는 기능 항목에 대하여 신체언어와 연계하여 음성언어 교수·학습이 이루어진다면 교육의 효과를 높일 수 있을 것이다.

예를 들어 인사하기는 만남의 시작과 끝을 알리면서 상호간의 관계와 상대방에 대한 태도를 드러내는 비인지적 기능이 크므로 음성언어 외에 이에 상응하는 신체언어에 주목하여 교수·학습이 되어야 할 것이다. 특히 앞서 3장의 설문 조사 결과에서 드러났듯이, 학습자들이 대체로 어려워하는 공손성은 관계 유지를 위해 매우 중요하므로 공손성을 드러내는 상황맥락과 이의 표현에 주의할 필요가 있다.

둘째, 한국어 수준에 맞추어 신체언어 교수·학습도 단계별로 이루어져야 할 것이다. 외국어와 문화 수업에서 학습 내용에 대한 인지와 더불어 수준이 높아짐에 따라 이의 실행과 심층적 가치에 대해 접근하여야 한다는 논의가 있다(Stevick 1986, Paige 1993, Moran 2001). 4장에서 기술하였듯이, 『표준 교육과정』에서도 신체언어는 초급에 해당되는 내용이며 이는 초급에서 시작하되 중·고급에서는 반복 심화되도록 제안하였다.

한국어 초급 단계에서는 일상생활에 필요한 기초적인 의사소통의 기능을 익히는 시기이다. 본서에서 선정된 목록은 모두 일상에서 쓰이는 기능에 해당하므로 초급에서 모두 제시되고 중점적으로 다루어질 필요가 있다. 초급에서 제시되는 음성언어 기능과 부합되는 신체언어가 있는 경우에 이를 통합적으로 교수·학습을 할 수 있다. 한국 신체언어에 대한 흥미를 갖게 되고, 해당되는 신체언어의 형태, 의미, 기능을 이해하고 사용할 수 있도록 한다.

기본적인 의사소통이 가능해지는 한국어 중급 단계에서는 한국의 신체언어를 자신이 나고 자란 국가의 신체언어와 비교하여 이해할 수 있고 일상적인 의사소통을 할 때 음성언어와 더불어 적절한 신체언어를 구사할 수 있도록 한다. 또한 초급에서는 주로 제시와 연습을 통해 신체언어의 기본 형태와 의미에 집중하였다면, 중급에서는 여러 현실 상황을 보여줄 수 있는 다양한 매체를 보다 적극적으로 활용할 수 있을 것이다.

다양한 상황에서 의사소통이 가능해지는 한국어 고급 단계에서는 신체언어를 가치 문화와도 연결 지어 이해할 수 있도록 한다. 신체언어는 음성언어와 마찬가지로 그 사회의 가치를 반영하고 있으므로 신체언어를 통해 한국의 가치 문화를 파악할 수 있다. 또한 기존에 교수·학습이 된 신체언어들을 기능, 주제, 상황 등 범주로 묶어서 전체적으로 이해할 수 있도록 한다.

셋째, 명확하고 구체적으로 신체언어를 다루도록 명시적 제시가 되어야 한다. 소통을 위한 신체언어의 이해와 활용을 위해서 이의 내용을 체계화하고 교재에서 구체적으로 항목화 하며 명시적으로 제시할 필요가 있다. 4장에서 기술하였듯이, 현재 교재에서 나타난 신체언어를 살펴보면 대체로 삽화를 중심으로 제시하고 있는데 신체언어를 명시적으로 설명하는 부분이 미흡하다. 제2언어 교수·학습에서 명확한 언어적 제시가 없이 암시적 방법만으로 교수·학습이 이루어지는 경우 이는 충분하다고 볼 수 없다는 논의가 있다(Pinto & Ametller 2002, 이은경 2009). 곧 제2 언어의 형태와 의미에 의식적으로 집중해서 인식하도록 하는 명시적 방법이 필요하다는 것이다. 이는 신체언어의 경우에도 동일하게 적용될 수 있다. 한국의 신체언어가 나타난 삽화의 제시만으로 학습자가 이를 명확히 이해하고 실생활에서 사용하리라고 담보할 수는 없다. 교육용으로 선정된 신체언어는 교재 내에 삽화로 제시될 뿐만 아니라, 구체적인 형태와 의미, 상황에서의 기능, 음성언어와의 관련성에 대해 학습자들이 의식적으로 주목하도록 하여 교수·학습이 이루어질 필요가 있다.

수업의 도입 단계에서는 삽화를 통해 제시되는 신체언어에 집중할 수 있는 관련 질문을 하여 의식적으로 집중하도록 하고 제시 단계에서는 이의 형태, 의미, 기능이 명시적으로 제시되어야 한다. 또한 이를 연습할 수 있는 활동 지시를 통해 명확히 이해하고 연습하며, 이후 이를 활용할 수 있는 과제를 통해 실제적으로 적용하는 활동이 이루어질 필요가 있다.

영화, 드라마, 광고, 애니메이션 등의 동영상 자료를 활용하면 상황맥락을 보다 실제와 유사하게 경험하게 되므로 신체언어 교수·학습에도 효과가 클 수도 있다. 그러나 실제 한국어 교육에서 제작되거나 수집된 자료가 부족한 실정이고 교사가 매시간 개인적으로 준비하기에는 부담이 되는 게 현실이다(허지애 2010). 따라서 우선적으로 교재 내 삽화를 중심으로 이를 명시적으로 제시하면서 충분히 활용하는 방안이 필요하다.

넷째, 학습자가 모국의 신체언어와 의식적으로 비교하여 익히도록 한다. 모국의 신체언어는 무의식적으로 이루어지고 해석되기 때문에 의식적인 인지가 어렵다. 타국의 신체언어가 형태 또는 의미에서 다를 경우 이를 모국 신체언어의 인지 체계에서 잘못 받아들일 수도 있고 제대로 인지할 경우에도 이를 부정적인 가치로 판단할 수도 있다. 비교는 이러한 문제점에 대한 효과적인 해결 방법이 될 수 있다.

Byram et al.(1994)는 비교란 어떤 기준에 대해 복수의 대상을 동일 선상에 놓고 면밀히 관찰하여 공통점과 차이점을 찾아내며 그 원인을 분석하여 성찰에 이르는 방법으로 정의하면서, 비교는 언어 문화 교육에서 중심 역할을 담당한다고 하였다. Hall(1983) 역시 다른 나라의 언어와 문화를 익히는 방법으로 비교를 내세우면서 이를 통해 무의식중에 당연시했던 자신의 문화적 습관을 깨닫고 새로운 관심과 성찰을 얻을 수 있다고 하였다. 또한 ACTFL이 제안한 외국어 교육의 목표 영역(Goal Areas:5Cs)[80] 가운데 비교는 언어와

80) 5Cs는 ACTFL(American Council on the Teaching of Foreign Language)이 주축이 되어 마련한 외국어 학습 표준(Standards for Foreign Language Learning: Preparing for 21 Century 1996, 2006) 가운데 5가지 목표 영역을 말하며 이는 소통

문화를 익히는 방법으로 권고되어 있다. 『표준교육과정』에서도 문화 영역의 교수·학습 방법으로 한국 문화, 학습자 모문화, 세계 문화에 대한 비교 이해를 강조하고 있다.[81)]

5.2. 교수·학습의 내용 및 구성

5.2.1. 교수·학습의 내용

한국어 교육에서 신체언어 교수·학습 적용을 위한 기초 자료로 사용할 수 있도록 3장에서 선정된 25개 항목을 중심으로 기능에 따라 내용을 서술해 보이면 다음과 같다.[82)]

(1) 사교 기능의 신체언어

신체언어의 사교 기능은 상대방과 사회적 관계를 형성하고 유지하기 위한 것으로 신체언어의 중추적인 역할을 한다고 할 수 있다.

① 고개를 숙이고 왼손으로 오른손을 받치듯 악수하다(인사-공손)

② 손을 펼쳐 올려 흔들다(인사)

인사는 만남의 시작과 끝을 나타내며 상대방과 나와의 관계를 표명하거나 확인하며 안부를 묻는 행위이다. 위계질서를 중시하는 문화권에 속하는 한국

(Communication), 문화(Cultures), 연계(Connections), 비교(Comparisons), 공동체(Communities)를 말한다.
(https://www.actfl.org/publications/all/world-readiness-standards-learning-languages/standards-summary).

81) 또한, 박종한(2012)은 중국 문화 교재의 대부분이 비교 관점을 포기함으로써 한중 차이를 과장하고 중국 문화 속성을 절대시하는 오류를 범하게 되었다고 지적하였다. 이는 비교 관점이 드러나 있지 않은 한국 문화 교재에도 적용될 수 있는 비판이다.

82) 25개 항목 가운데 2개 항목이 2개 기능에 걸쳐 나타나므로 교수·학습 편의를 위해 27개 항목으로 정리하였다.

에서는[83] 격식적인 자리나 윗사람에 대한 인사와 일상적인 자리나 또래 및 어린 사람에 대한 인사는 확연히 구분되어 이루어짐을 인지해야 한다. 격식적인 자리나 윗사람 앞에서는 공손한 인사 행위가 이루어지는데 '두 손을 모으고 고개와 허리를 숙여 인사하다'와 '고개를 숙이고 왼손으로 오른손을 받치듯 악수하다(주로 남자 간)' 등이 있다. 일상적인 자리에서나 또래 및 어린 사람에게는 '눈짓으로 가볍게 인사하'거나, '한 손으로 악수하'거나(주로 남자 간), '손을 펼쳐 올리'는 인사를 하게 된다.

③ **두 손으로 물건을 주거나 받다**(전달하기-공손)

④ **몸을 약간 돌리면서 두 손으로 술을 마시다**(음주 동작-공손)

물건을 건네거나 받을 때 공손성을 드러내기 위해서는 '두 손으로 전달하'거나 '한 손으로 다른 손을 받치'듯 한다. 특히 술 등의 음료를 따르거나 받을 때 '왼손으로 오른손을 받치듯 병을 들고 따르'며, 받을 때도 잔을 '두 손을 사용하여 들'면서 받는다. 특히 술을 마실 때는 윗사람 앞에서는 정면으로 마시는 모습을 보이기보다 '고개와 몸을 옆으로 돌려 마신'다.

⑤ **웃으면서 입을 가리다**(예의)

기쁨, 슬픔, 놀람 등의 감정이 강할 때나 음식물을 먹을 때와 하품 등 저절로 입이 벌어지는 경우 예의상 '손으로 입을 가리'는 관습이 있다. 이는 어른에게 입 안을 보이지 않기 위한 것으로 어른 앞에서 행위를 절제하고 조심하려는 인식에서 비롯한 것이다.

⑥ **여성끼리 팔짱을 끼고 걷다**(우정)

한국에서는 친소 관계에 따라 대인 간 접촉에 차이가 많이 있다. 낯선 사람에게는 악수 외에는 접촉하지 않지만 친한 관계에서는 이야기하면서 어깨

---

83) 지역 간 비교를 통해 각 국가의 가치 문화를 상대적 값으로 비교한 연구들이 있다(Hofstede 1980, Trompenaars 1993). 이에 의하면 한국은 비교적 집단주의이고 위계를 강조하는 문화에 속하는 것으로 밝혀졌다.

나 팔 등을 툭툭 치는 등 가벼운 접촉이 허용된다. 또한 격려나 위로를 하기 위해 친한 사이에 '어깨나 등을 가볍게 두드리'기도 한다. 또한 친한 사이에서 서로 '어깨나 등을 팔로 감싸'기도 하고 특히 여성은 '손을 잡거나 팔짱을 끼고 걸어 다니'기도 하는데 이는 우정의 표현이다.

⑦ **다리를 꼬아 앉다**(자세-불공손)
⑧ **자신의 팔짱을 끼고 있다**(자세-불공손)
⑨ **주머니에 손을 넣고 있다**(자세-불공손)
⑩ **바닥에 다리를 펴고 앉다**(자세-불공손)

자세는 멀리서도 확연히 드러날 뿐 아니라 취하는 자세에 따라 공손성의 정도를 나타낼 수 있기 때문에 특별한 주의가 필요하다. 상호작용하는 상대방의 나이, 지위, 친소, 성별 등과 상황 맥락에 따른 역학에 따라 자세가 달라진다. 따라서 윗사람 앞에서 보이도록 기대되는 공손한 자세와 공손성에 어긋나므로 주의해야 하는 자세로 나누어 제시할 필요가 있다.

어른 앞에 설 때는 '두 손을 앞으로 모으'고 다리를 가지런히 한다. '자신의 팔짱을 낀' 자세는 무관심이나 방어를 의미할 수 있으므로 주의한다. '뒷짐지고 편안하게 서 있거나 걷'는 자세는 전통적으로 양반이나 어른들의 자세였다. '주머니에 손을 넣'거나 '허리에 손을 얹'는 자세는 신체 확장을 통한 자기과시의 의미가 있으므로 또한 주의해야 한다.

어른 앞에 앉을 때는 허리를 세운 바른 자세에 다리를 벌리지 않는다. '다리를 꼬고 앉'는 자세는 다른 지역에서는 자연스럽게 여길 수 있으나 한국에서는 공손성에 위배되는 행위이다. 책상 위에 '턱을 괸' 자세 역시 무관심과 지루하다는 의미로 해석될 수 있으므로 주의해야 한다. 바닥에 좌식으로 앉을 경우는 책상다리로 하거나 두 다리를 모아 옆으로 하는 것이 바람직하다. 어른을 향해 두 발이 보이도록 '펴고 앉'지 않도록 한다.

⑪ **시선을 계속 맞추며 이야기하다**(시선-불공손)

시선두기의 경우에 유교 문화권인 한국에서는 어른에게 예의상 상호 응시를 오래 하지 않고 '시선을 약간 내리'는 경향이 있다. 특히 윗사람에게 야단을 맞을 경우에는 '시선을 지속적으로 내리'는 것이 반성과 사죄를 나타내는 표현이 된다. 그러나 3장 설문 조사에서 나타났듯이 한국의 젊은 세대는 어른에게도 시선을 줄곧 집중하면서 이야기하는 것을 공손하다고 여기는 경향도 있다. 이는 시간이 흐름에 따라 사람들의 인식 및 이에 따른 신체언어 양상이 변화하고 있음을 보여주는 예라고 할 수 있다.

⑫ **오른손을 왼쪽 가슴에 대다**(국기 의례)

알아둘 만한 의례동작으로 입학이나 졸업하는 자리에서 흔히 볼 수 있는 국기의례 동작인 '오른손을 왼쪽 가슴에 대다'가 있다.

[참조]: 국기의례로 다른 나라에서는 바르게 팔을 내린 자세로 있는 경우가 대부분이다. 또한 '오른손을 가슴에 대'는 경우에 개인적인 진심이나 사랑 등의 뜻을 담고 있기도 하다.

(2) 태도 표현 기능의 신체언어

신체언어의 태도 표현 기능은 발화자의 주관, 판단, 의지, 반응 등을 나타내기 위한 것이다.

⑬ **엄지를 세워 올리다**(최고 평가)

⑭ **엄지와 검지로 동그랗게 모아 올리다**(칭찬, 동의)

엄지를 세워 보이는 것은 최고, 제1을 의미한다. 이는 엄지가 예로부터 으뜸, 조직의 장, 남자 등의 의미를 지녀왔기 때문이다. 한국에서는 무난히 '잘했다'를 의미할 경우 엄지를 올리는 대신 '엄지와 검지로 원을 모아' 만든 OK 사인을 주로 사용한다는 점에서 다른 나라와 차이가 있다.

⑮ **주먹을 쥐고 힘 있게 흔들다**(격려, 결의)

한국인은 '주먹을 쥐고 힘차게 흔들'면서 상대방과 결의를 다지거나 상대방을 격려하기도 한다. 다른 나라에서는 이를 위협으로 여겨 갈등의 소지가 있을 수 있으므로 이에 대한 인지가 필요하다.

⑯ 검지를 관자놀이 근처에서 돌리다(머리 이상함 평가)

누군가의 머리가 이상하다고 판단될 때 그 사람을 은밀히 가리키며 '검지를 머리 옆에 두고 원을 그릴' 수 있다.

[참조]: '검지를 관자놀이 근처에서 돌리다'는 다른 나라에서 '좀 더 생각해 보라', '잘 모르겠다' 등을 의미하기도 한다.

(3) 감정 표현 기능의 신체언어

신체언어의 감정 표현 기능은 발화자의 느낌, 감정 등을 나타내기 위한 것이다.

⑰ 엄지와 검지의 끝을 엇갈려 올리다(애정 표현)

⑱ 양볼에 주먹을 대고 앞뒤로 가볍게 돌리다(수줍음 표현)

애정 표시의 경우 주로 사진 촬영 등 공개적으로 우호적인 관계를 드러낼 때 '두 팔을 올려 머리 위에서 하트 모양을 만들'거나, '양손으로 가슴 앞에서 하트 모양을 만들'거나, 최근에는 '엄지 검지 끝부분을 서로 엇갈려 하트 모양을 만들'기도 한다. 이러한 애정 표시의 행위와 부끄럽거나 귀여움을 표현할 때의 '양 주먹을 볼에 대고 굴리'는 행위는 모두 대중매체를 통해 생성되거나 전파된 경우이다.

⑲ 양손 검지를 세워 머리 위에 올리다(분노 표현)

분노를 나타낼 때 '양손 검지를 세워 머리 위에 올리기'도 한다. 이는 자신에 대해서라기보다 제3자가 화가 났음을 상대방에게 넌지시 알릴 때 주로 사용된다.

[참조]: '양손 검지를 세워 머리 위에 올리다'는 다른 나라에서 '소'나 '악마' 혹은 '여자 친구가 바람나다' 등을 의미하기도 한다.

(4) 요청 및 청유 기능의 신체언어

신체언어의 요청 및 청유 기능은 화자의 의도대로 상대방이 행하도록 이끄는 것이다.

⑳ 손바닥을 위로 하여 손가락을 안쪽으로 까닥이다(부르기-불공손)

㉑ 손바닥을 위로 하여 검지를 안쪽으로 까닥이다(부르기-불공손)

㉒ 엄지를 세워 올려 어깨 너머를 가리키다(나가자 지시)

상대방을 부르는 동작은 멀리서도 시각적으로 빠르게 인지될 수 있으므로 음성언어와 병용되거나 단독으로 사용된다. '손등을 위로 하여 손 전체를 안쪽으로 까닥이다(이리 오라)'는 비격식적인 자리에서나 친한 사이에 사용된다. 이에 비해 '손바닥을 위로 하여 손가락을 안쪽으로 까닥이다(이리 오라)'는 한국에서는 동물에게 사용되거나 아주 낮출 경우에 쓰인다. 특히 '손바닥을 위로 하여 검지를 안쪽으로 까닥이다(이리 오라)'는 검지를 사용하므로 매우 무례하다고 여겨지는 행위이므로 가능한 한 사용하지 않도록 유의해야 한다.

화자 쪽으로 부르는 행위 외에 '손등을 위로 하여 손 전체를 바깥으로 까닥이다(저리 가라/들어가라)', '주먹 쥐고 엄지를 올려서 어깨 너머를 가리키다(나가자)'와 같이 다른 방향으로 움직일 것을 요구할 수 있다. 이 외에 자신을 알리거나 식당의 직원 또는 지나가는 차 등 서비스나 탑승을 요청하기 위해 주의를 환기시킬 경우에도 엄지나 검지 등의 손가락을 사용하지 않고 '한 손을 펼쳐 올리'게 된다.

㉓ 두 손바닥을 서로 위아래로 비비다(애원/용서 간청)

상대방에게 간곡하게 부탁, 용서 등을 요청하게 될 때 '두 손을 모아 깍지를 끼고 가슴 앞에서 흔들'거나 '두 손을 맞대고 비비며 고개를 숙이'게 된다.

[참조]: 두 손의 맞대고 비비는 행위는 다른 나라에서 추울 때 하거나 식사 직전 식욕을 표현하기 위해 하는 동작과 유사하다.

(5) 정보 전달 기능의 신체언어

신체언어의 정보 전달 기능은 외부의 세계에 대해 설명하거나 묘사하는 것이다.

㉔ 엄지를 세워 올리다(우두머리)

'엄지를 세워 올리'면 조직의 장이라는 정보 전달 기능을 지닌다. 특정 인물을 가리키면서 은밀히 보이는 엄지는 그가 공동체의 우두머리임을 알려준다. 조직에서 누가 가장 어른인가는 위계문화가 발달한 한국에서는 매우 중요한 문제이다.

㉕ 엄지와 검지를 동그랗게 모아 올리다(돈)

한국인은 돈을 의미할 때 '엄지와 검지를 둥글게 모아 올린'다.[84] 이는 '돈'이란 표현을 입 밖으로 꺼내기 어려울 경우에 넌지시 사용된다. '이게 문제야', '(그 사람은) 이게 많아', '이거 있어?' 등 돈과 관련된 상황 설명이나 돈이 있는지에 대한 질문 및 요청 등을 '돈'이란 언급 대신 동작으로 대체할 수 있다.

[참조]: '엄지와 검지를 동그랗게 모아 올리다'는 OK라는 널리 알려진 의미 외에 나라에 따라 '무가치', '0', '성적모욕' 등 다른 의미를 지니기도 한다.

㉖ 엄지, 검지, 중지를 차례로 접다(수 세기)

수를 세거나 알리는 동작은 사람, 사물, 돈 등 비교적 작은 개수를 꼽을 때 일상적으로 많이 하는 행위라고 볼 수 있다. 한국인은 일반적으로 수를 셀 때 엄지부터 하나씩 접는 내향적 동작을 취한다. 반면 한국인은 타인에게 수를 하나씩 꼽아 보일 경우에는 상대방을 향해 검지부터 펼쳐서 세워 보이게 된다. 이렇게 수를 세는 행위와 수를 알리는 행위에서 차이를 보인다.

[참조]: 다른 나라에서는 대체로 수를 셀 때에도 엄지 또는 검지부터 하나

---

84) '엄지와 검지를 둥글게 모아 올리다'는 태도 표현 기능으로 서양에서 전파된 OK(좋다, 동의)의 의미로도 많이 사용된다.

씩 펼치는 외향적 동작을 취한다. 따라서 상호 오해가 일어나지 않도록 숫자를 익힐 때부터 한국인의 수 세는 손동작을 함께 제시하고 연습 활동을 하면 좋을 것이다.

㉗ 검지로 상대방을 가리키다(가리키기-불공손)

가리키기는 보이는 대상 곧 사람, 사물, 장소, 방향 등을 지칭하는 역할이 있다. 이는 화제의 대상을 직접 가리키는 동작으로 주로 '검지 또는 손 전체를 펼쳐서 향하'는 보편적 동작이다. 다만 한국에서는 격식적인 자리나 윗사람 앞에서 검지 사용에 유의해야 할 필요가 있다. 공손성을 드러내기 위해서는 한 손 또는 두 손을 펼쳐 가리키는 동작을 한다. 특히 사람을 가리킬 때는 검지를 사용하지 않도록 유의해야 한다.

새로운 사람을 소개할 때 '한 손 또는 두 손을 펼쳐 지칭한'다. '검지를 사용하여 사람을 가리키'면 이는 매우 무례한 행동으로 간주되므로 특별히 유의할 필요가 있다. 또한 '상대방을 향해 검지를 세워 흔들다'는 부정적인 의미를 강하게 표현할 때 사용하므로 이에 대한 인식이 필요하다.[85)]

5.2.2. 교수·학습의 구성

교육과정을 설계할 때 교육 내용의 선정 후에는 이의 구성이 필요하다(Brown 2001). 기존 한국어 교수요목에 신체언어의 내용을 연계하여 재구성하기 위해서 기능을 기준으로 하였다. 언어 수준에 따른 기능을 중심으로 한 교수요목에 신체언어의 교수·학습 내용을 통합하여 조직하였다. 이를 통해 교육 현장에서 어느 시점에 신체언어를 함께 다룰 수 있는지를 파악하고 이를 적용할 수 있을 것이다. 각 교재마다 기능을 다루는 순서에는 차이가 있으나 크다고 할 수는 없다. 따라서 그 가운데에서 구체적인 신체언어를 삽화로 비교적 많이 제시하고 있는 교재인 『서울대 한국어』를 택하였다. 이의 급수

85) 이는 일명 '손가락질', '삿대질'로 강한 모욕, 비난, 항의, 질책 등을 표현할 때만 보이는 행위이다.

별 요목에 신체언어 항목을 부합한 예를 제시하여 이를 응용할 수 있도록 하였다. 이는 〈표 5-1〉과 〈표 5-2〉와 같다.

〈표 5-1〉 1급용 신체언어의 구성

단원(권:과) 및 기능	신체언어 표현	음성언어 표현 및 관련 문화
(1A:1) 인사하기	• 두 손을 모으고 고개와 허리를 숙여 인사하다(공손) • 왼손으로 오른손을 받치고 고개 숙여 악수하다(공손) • 고개를 가볍게 숙여 인사하다 • 한 손으로 악수하다 • 손바닥을 펼쳐 올리다	안녕하세요/안녕하십니까? 만나서 반가워요 안녕히 가세요 안녕히 계세요
(1A:1) 소개하기	• 손을 펼쳐 소개되는 대상을 가리키다 • 자기 가슴에 손을 대고 가리키다	N은 N이에요 N이라고 합니다 N이세요, A/V-으시-
(1A:2, 4) 가리키기	• 두 손을 펼쳐 사람, 사물, 방향 등을 가리키다(공손) • 한 손을 펼쳐 사람, 사물, 방향 등을 가리키다 • 검지로 사물, 방향 등을 가리키다 (검지로 사람을 가리키는 것에 주의한다)	이거는[그거는/저거는] N이에요 여기가 N이에요
(1A:2) 전달하기	• 사물을 두 손으로 주거나 받다(공손) • 사물을 한 손으로 주거나 받다	N 주세요, 여기 있어요
(1A:5) 수 세거나 알리기	• 펼친 손가락을 엄지부터 하나씩 접다(수 세기) • 검지부터 시작하여 손가락을 세워 펼치다(수 알리기)	수에 관해 말하기

(1A:6) 식당, 커피숍 활동 (평가, 권유, 전달, 자세 등)	• 술 등의 음료수 잔을 받거나 따를 때 두 손을 사용하다(공손) • 술 등의 음료수를 받거나 따를 때 한 손으로 들다 • 술 등의 음료수를 마실 때 고개를 돌려 마시다 • 엄지를 세워 올리다(최고 평가) • 엄지와 검지로 원을 만들고 나머지 손가락을 펴다(좋다, 동의) • 두 손을 모으고 다리를 가지런히 하여 서다(공손) • 다리를 가지런히 모아 앉다(공손)	V-으세요 N이 A-아요
(1B:9) 인사하기 소개하기	• 오른손을 왼쪽 가슴에 대다(국기 의례) • 한 다리는 오그리고 다른 쪽 다리를 그 위에 올리다(전통 좌식 자세)	전통 좌식 자세 국기의례
(1B:13) 행동 요청하기	• 손등을 위로 하여 손 전체를 안쪽으로 까닥이다 (손바닥을 위로 하여 손 전체나 검지를 안쪽으로 까닥이는 동작은 주의한다) • 주먹 쥐고 엄지를 올려서 어깨 너머를 가리키다(나가자 지시) • 한 손을 펼쳐 올리다	-아/어 주다(택시!, -로 가 주세요. 세워 주세요)
(1B:14) 평가, 감정 표현하기	• 엄지 검지 끝부분을 서로 엇갈려 하트 모양을 만들다(애정) • 손으로 벌어진 입을 가리다(공손) • 양 주먹을 볼에 대고 돌리다(귀여움/부끄러움)	A-은 N (멋있다. 예쁘다, 귀엽다 등)
(1B:16) 동의, 합의, 결의하기	• 주먹을 쥐고 힘 있게 흔들다	V-을게요 V-을 수 있다/없다

〈표 5-2〉 2급용 신체언어의 구성[86)]

단원(권:과) 및 기능	신체언어 표현	음성언어 표현
(2A:1) 소개하기, 자세, 시선, 접촉	• 두 손을 모으고 다리를 가지런히 하여 서다(공손) 팔짱 끼기, 허리에 손 올리기, 주머니에 손 넣기 등의 자세는 주의한다) • 다리를 가지런히 모아 앉다(공손) (꼬아 앉기, 벌려 앉기, 턱 괴기 등의 자세는 주의한다, 좌식의 경우 다리 뻗어 앉기에 주의한다) • 시선을 약간 내리다(공손)	N이라고 합니다 V-으려고
(2A:8) 부정적 감정 표현하기 접촉(공감, 친밀함)	• 팔짱을 끼다(불만, 무관심) • 허리에 손을 얹다(불만, 위세) • 두 손 검지를 세워 머리 위에 세우다(분노) • 서로의 팔짱을 끼고 걷다(우정)	A/V-겠- (화가 나다/창피하다/짜증이 나다 등)
(2B:15) 정보 전달	• 엄지를 세워 올리다(우두머리) • 엄지와 검지를 동그랗게 모아 원을 만들고 다른 손가락을 펼치다(돈) • 검지를 머리 옆에 두고 원을 그리다(머리 이상함)	A-아지다 V-게 되다 익숙해진 한국 생활
(3A:2) 비난하기 간청하기	• 상대방을 향해 검지를 세워 흔들다(비난) • 양손을 맞대고 비비며 고개를 숙이다(부탁, 용서 간청)	V-느라고 (불평을 하다/듣다 잔소리를 하다/듣다 야단을 치다/맡다)

86) 『서울대 한국어』의 경우 비난하기와 간청하기가 3급에 제시되어 있으므로 신체언어 구성도 이에 맞추었다. 주지하듯이 교재마다 기능이 제시되는 순서와 양상에 차이가 있다.

5.3. 교수·학습의 방안

신체언어의 교수학습 모형을 실제 시행한 교수학습안으로 제안하고자 한다. 이는 한국어 교수학습에서 널리 사용되는 전개 방식인 '도입-제시-연습-활용-마무리'에 맞추어 수업을 구성한 것이다.

먼저, 한국의 신체언어 가운데 소개하기 및 인사하기 기능을 주제로 선정하였다. 인사하기는 의사소통의 시작과 끝을 알리는 가장 기본적인 기능인데도 교수학습이 제대로 이루어지고 있지 않다.

3장의 신체언어 목록 선정과 4장의 교재분석 결과에서 나타났듯이, 학습자들은 한국에서 인사에 관한 신체언어가 상황과 상대방에 따라 상이함을 정확히 인지하지 못하고 있는데, 기존 교재에서는 아직까지 이를 명시적으로 충분히 다루고 있지 못하다. 1장에서도 언급했듯이 학습자가 인사하기를 제대로 분별하지 못하여 윗사람 앞에서 손을 흔들며 인사하는 경우 무지를 이해받기보다는 무례하다는 오해를 받을 가능성이 많다.

소개하기 기능에서는 한국에서는 사람을 가리킬 때 손을 펼치며 검지 사용은 가급적 하지 않음을 주의할 필요가 있다. 검지 사용은 권위적으로 지시하거나 강하게 비난하는 경우와 같이 부정적으로 사용됨을 알아야 한다. 따라서 소개하기와 인사하기를 다루어야 하는 의미있는 주제로 보아 이를 교수학습안의 주제로 선정하였다.

구체적인 신체언어 교수학습 항목으로는 소개할 때 하는 동작으로 '손바닥을 펴서 소개하는 사람을 가리키다(검지를 사용하지 않도록 주의한다)'와 소개받았을 때 하는 동작으로 '윗사람에게는 두 손을 모으로 고개와 허리를 숙여 인사하다', '윗사람은 가볍게 목례를 하다', '윗사람이 먼저 손을 내밀면 고개를 숙이며 왼손으로 오른손을 받치듯 악수한다', '또래 간에는(주로 남자 간) 한 손으로 악수하다', '또래나 나이 어린 상대에게 목례하거나 손을 가볍게 들다'이다. 또한 음성언어 교수학습 항목으로는 처음 만나 인사하면서 자신을 소개할 때의 표현인 'N이라고 하다'와 한국어를 공부하는 이유 등의 질문에 대한 응답 표현으로 'V으려고'이다. 이는 한국어 통합 교재에 2급 초반부에서 첫만남에서 인사할 때 자주 쓰이는 음성언어 표현으로 다루어지고 있다.

수업의 대상은 2급 정도의 초급 수준의 학습자로 하였다. 기본 인사하기는 1급 시작에서 다루는 주제이나 구체적으로 상황과 대상에 따라 달라짐에 대해 명시적으로 비교하고 이해하기 위해서는 최소 1급에 해당하는 학습을 마친 학습자가 적당하다고 보았다. 이는 또한 통합교재 대부분이 양자간 소개하기 및 소개받아 인사하기를 2급 초반에서 다루고 있기도 해서이다.

수업 시간은 일반적으로 대학 부설 한국어 교육기관에서 50분을 한 단위로 수업을 진행하고 있으나 이번 주제로는 신체언어와 음성언어의 목표 항목이 많은 편이므로 2차시로 나누어 구성하였다.

수업 재료는 기존 교재에 있는 소개하거나 인사하는 삽화를 활용하거나 인터넷으로 관련 이미지를 검색할 수 있고 또는 영화, 드라마 등에서 적합한 동영상 장면을 찾을 수도 있다. 또는 휴대폰 등으로 교사가 직접 촬영하여 수업에 제시하는 방법도 있다.

신체언어는 연속된 몸의 움직임이므로 이를 제대로 제시하기 위해서는 동영상 자료가 적합할 것이다. 특히 예시된 차시의 주제인 인사하기는 상황과 상대방에 따라 신체언어가 상이한 경우이므로 이를 자연스럽게 보여주는 서로 다른 장면들을 직접 휴대폰으로 촬영하여 준비하였다.

실제 수업에서 매번 동영상 자료에 대한 준비를 교사 개인이 하기에는 용이하지 않을 것이다. 따라서 비교적 준비가 수월한 그림과 사진 등의 이미지를 활용하고 교사가 설명하면서 직접 시연하는 방법도 차선책이 될 수 있을 것이다.

수업의 절차는 상술하였듯이 한국어 교육에서 기본 모형으로 쓰이는 '도입-제시-연습-활용-마무리'에 따라 구성하였다. 신체언어도 음성언어와 같이 형태와 의미가 있는 항목으로 교수학습될 수 있으므로 연관된 음성언어와 더불어 같은 방식으로 이루어질 수 있다고 보았다. 〈표 5-3〉이 교수·학습의 전체 구성표이고 〈표 5-4〉는 1차시 교수·학습안이고 〈표 5-5〉는 2차시 교수·학습안이다. 다음은 수업의 절차에 대한 기술이다.

'도입'은 호기심을 유발하고 학습 목표를 제시하는 단계이다. 먼저 문화권에 따라 다양한 인사장면을 보인다. 특히 학습자의 나라에 속하는 고유의 신체언어를 포함해서 미리 준비하여 제시한다. 이는 학습자가 자신의 나라에서 이루어지는 인사법뿐 아니라 나라에 따라 상이한 방법이 있음을 보면서 흥미를 가질 수 있게 할 것이다.

그리고 해당 차시 교육 내용인 한국에서 소개하기 및 인사하기 장면을 제시한다. 먼저 윗사람을 상대로 소개 및 인사하는 장면을 보인다. 이때 신체언어와 관련된 명시적 질문을 통해 신체언어에 의식적으로 집중할 수 있도록 한다. '무엇을 하고 있어요?', '어떻게 알 수 있어요?', '어떻게 행동하고 있어요?', '행동으로 무엇을 알 수 있어요?' 등의 질문을 통해 학습자는 신체언어에 관심을 가지면서 자신의 배경지식을 활성화시킬 수 있을 것이다.

이후 또래 간에 소개 및 인사하는 장면을 제시한다. 두 가지 자료를 비교하면서 상황과 대상에 따라 신체언어가 확연히 다름을 인지하도록 한다. 소개하기 및 인사하기에서 만나는 사람에 따라 말도 다르듯이 행동도 다름을 알게 한다. 이에 대해 배우는 것이 이 시간의 학습 목표임을 주지시킨다.

'제시'는 목표로 설정된 언어 항목의 형태, 의미, 기능 등을 명확히 보이는 단계이다. 여기에서는 신체언어를 중심으로 행동과 의미를 제시하고 음성언어와의 연관에 대해서도 나타내야 한다. 특히 소개하기와 인사하기는 사교활동 기능 항목이므로 공손성을 유념하여 드러내야 하는 경우와 그렇지 않은 경우로 나누어 제시하고 주의시킬 필요가 있다.

상황과 사람에 따라 소개하기와 인사하기가 다름을 나누어 이미지 또는 영상으로 제시한다. 인사할 때 하는 신체언어로 '어른에게 고개와 허리를 숙여 인사하다', '어른에게 고개를 숙이고 왼손으로 오른손을 받치듯 악수하다', '한 손으로 악수하다', '손을 들어 인사하다'로 네 가지를 학습한다.

소개할 때의 신체언어는 '손을 펼쳐서 사람을 가리키다'로 사람을 향해서 검지로 가리키지 않도록 주의한다. 연관된 음성언어로 처음 만나는 자리에서 공식적으로 자신의 이름을 밝히는 표현인 'N(이)라고 하다'와 한국에 왔거나 한국어를 배우는 이유를 묻는 질문에 대한 응답 표현으로 의도를 나타내는 'V(으)려고'로 2개를 신체언어와 연계하여 통합적으로 익히도록 한다.

신체언어가 다르게 나타나는 4가지 경우로 나누어 이에 대해 분명하게 차이가 나타난 이미지나 영상을 마련하여 제시한다. 격식적인 자리이거나 어른에게 소개하고, 소개받아 고개와 허리를 숙여 인사하는 경우, 어른에게 소개하고 소개받아 어른과 두 손으로 악수 인사를 하는 경우, 또래나 어린 사람을 소개받아 남자 간에 한 손으로 인사하는 경우, 또래나 어린 사람을 소개받아 목례나 손을 들며 인사하는 경우를 각각 제시한다. 이때 장면과 행동 지문이 포함된 대화문을 제시한다. 장면을 영상으로 제시할 때 먼저 묵음으로 하여 학습자들이 신체언어에 보다 집중하여 상황을 이해할 수 있도록 한다. 이후 장면을 소리와 함께 제시하고 대화와 행동 지문도 제시하여 정확한 이해를 돕는다.

음성언어의 경우 4가지 신체언어의 경우에 모두 포함하여 반복 학습이 되도록 한다. 첫 번째 경우에 음성언어 표현 두 가지의 형태와 의미를 제시하고 이후의 경우마다 사용 형태를 설명한다.

'연습'은 제시된 신체언어의 형태와 의미에 대해 실제 몸을 움직여 해봄으로 익힐 수 있는 단계이다. 제시된 4가지 경우의 대화문에 대해 학습자 전체가 말하고 행동하는 연습을 한다. 이후 3명씩 모둠을 구성하여 A, B, C 역할을 돌아가며 맡아서 말하고 행동하는 연습을 한다. 이러한 모둠 활동을 통해 표현을 반복하면서도 실제와 유사한 체험이 될 수 있다. 이후 모둠별로 발표하도록 한다.

2차시는 문제를 통해 연습단계를 이으면서 시작하였다. 준비된 연습문제를 이용하여 적합한 신체언어를 다시 한 번 확인하고 음성언어 표현을 사용해서 쓰는 연습이 되도록 하였다. 이때 교사는 돌아다니면서 학습자들의 연습 활동을 확인하고 도움을 줄 수 있다.

'활용'은 실제 의사소통 상황에서 성공적으로 이루어질 수 있도록 실제로 적용하거나 유사한 상황을 설정하여 실현하는 단계이다. 1차시에서 익힌 소개하기와 인사하기를 활용하여 비슷한 상황에 대해 학습자들이 직접 대화문을 만들고 연습하여 발표하도록 한다. 상황과 대상이 다른 세 가지 경우를 제시하고 이에 대해 3명으로 구성된 모둠별로 선택하고 비어 있는 대화문을 작성하도록 한다.

이 세 가지 경우는 학습자들이 생활에서 흔히 접할 수 있는 상황으로 제시한다. 한국어반 담임 선생님께 옆 반 친구를 소개하기 및 소개받아 인사하는 경우, 하숙집 주인 아주머니께 친구를 소개하기 및 소개받아 인사하는 경우, 그리고 또래 남녀를 소개하기 및 소개받아 인사하는 경우이다. 이에 대해 자신들의 이름을 사용하여 대화를 구성하고 행동 지문도 넣도록 하였다. 학습자 수준이 2급임을 고려하여 문장의 예를 보기로 제시한다. 모둠활동 중에 교사는 돌아다니면서 질문에 답하거나 잘못된 것을 수정할 수 있다.

이후 모둠별로 연습하여 반 전체 앞에서 대본 없이 자연스럽게 보인다. 이에 대해 학습자와 교사가 피드백을 주고받거나 토론하면서 학습한 것을 공고히 하게 된다.

'마무리'는 교수·학습한 내용을 다시 확인하고 정리하는 단계이다. 이때에 연관된 과제가 주어질 수도 있다. 소개하기와 인사하기의 네 가지 경우를 다시 한 번 말과 행동으로 학습자들과 함께 떠올린다. 두 가지 음성언어 표현도 같이 확인한다. 여기에서는 2차시에 걸쳐 충분히 연습과 활용을 한 경우이므로 추가 과제를 내지 않는다. 학습자에게 앞으로 자신있게 소개하고 인사하라고 권유하며 수업을 맺는다.

〈표 5-3〉 신체언어 교수·학습안 예시(소개하기, 인사하기 기능)

주제	두 사람을 서로 소개하기, 소개받아 인사하기
대상	2급 학습자
수업목표	1. 양쪽 사람을 서로 적절한 언어 표현과 동작으로 소개할 수 있다. 2. 소개를 받았을 때 적절한 언어 표현과 동작으로 인사를 나눌 수 있다.
신체언어 표현	• 소개할 때 손바닥을 펴서 가리킨다. 검지를 사용하지 않도록 주의한다. • 소개받으면 윗사람에게는 두 손을 모으고 고개와 허리를 숙여 인사한다. • 윗사람은 가볍게 목례를 한다. • 윗사람이 먼저 손을 내밀면 고개를 숙이며 왼손으로 오른손을 받치듯 악수한다. • 또래 간에(주로 남자 간) 한 손으로 악수한다. • 또래나 나이 어린 상대에게 목례를 하거나 손을 가볍게 든다.
음성언어 표현	N이라고 하다, V으려고, 새 어휘: 또래, 목례
교수학습 자료	사진 및 영상 자료, 대화문 및 문법제시 PPT, 연습문제 및 상황 1·2·3 인쇄물

〈표 5-4〉 1차시 신체언어 교수·학습안

1차시 (50분)	
단계	수업 내용과 활동
도입 (10분)	소개하고 인사하는 내용의 이미지를 보면서 질문을 통해 상황, 대화자 관계, 사용될 수 있는 음성언어와 신체언어를 생각해 본다. (1) 인사 및 출석 점검 (2) 세상에는 인사하는 방법이 다양하게 있음을 학습자 나라에 대한 질문과 사진 제시를 통해 떠올리도록 한다.(호기심 유발, 스키마 활성) *교사: A씨 나라에서는 처음 만나면 어떻게 인사해요?* *학습자A: . . . . . .* *교사: B씨 나라에서는 처음 만나면 어떻게 인사해요?* *학습자B: . . . . . .* *교사: 서로 다르네요. 여기를 보세요(서로 다른 인사 장면이 있는 [자료 1]을 보이며)* [자료 1]  *교사: 어떻게 인사해요?* *학습자: 악수를 해요. 볼에 키스해요. 손을 모아 올려요. 코를 서로 비벼요.* *교사: 이렇게 나라마다 인사하는 방식이 다를 수 있어요. 다른 나라에 가면 그 나라 사람들이 인사하는 대로 하면 좋을 것 같아요.*

	(3) 한국에서 소개하고 인사하는 경험에 대해 질문을 하면서 소개와 인사에 관해 상기하도록 한다. *교사: 여러분, 한국 사람에게 친구를 소개해 봤어요? 또는 소개를 받아 인사해 봤어요?* *학습자: 네, 해 봤어요.* *교사: C씨, 누구에게 누구를 소개했어요?* *학습자C: 한국 친구에게 베트남 친구를 소개했어요.* *교사: D씨, 소개받아 누구에게 인사했어요?* *학습자D: 한국 선생님께 인사했어요.* (4) 소개하고 인사하는 장면을 제시하면서 주제에 집중하도록 유도한다. 두 가지 다른 상황과 대상을 보여주며 이에 따라 달라짐을 보인다. *교사: 자, 여기를 보세요([자료 2-1]을 보이며)* *세 사람은 무엇을 하고 있어요?* [자료 2-1]  *학습자: 인사해요. 소개해요.* *교사: 네, 이 사람은 두 사람을 서로 소개해요. 두 사람은 인사해요.* *어떻게 알 수 있어요?* *학습자: (손을 펼치며)이렇게 해요. 소개해요.* *(머리를 숙이며)이렇게 해요. 인사해요.* *교사: 네, 이 사람은 손을 펼쳐서 소개해요.* *이 사람은 머리를 숙이고 인사해요.* *이 두 사람은 누구 같아요? 둘 다 학생이에요?*

<table>
<tr><td></td><td>학습자: 아니요, 한 사람은 선생님이에요. 어른이에요.
한 사람은 학생이에요
교사: 네, 한 분은 선생님이나 웃어른 같아요.
다른 한 사람은 학생이나 나이가 어린 사람 같아요.
교사: 여기를 또 보세요([자료 5-1]을 보이며).

[자료 5-1]

교사; 소개하고 인사해요.
그런데, 아까와는 달라요. 뭐가 달라요?
학습자: (팔을 접어 올리며) 이렇게 인사해요. 달라요.
교사: 네, 오늘 우리는 이렇게 한국에서 소개하고 인사하는 거 배울 거예요.
만나는 사람에 따라 인사하는 행동이 달라요. 말도 달라요.
어떻게 다른지 우리 같이 배워볼까요?
학습자: 네.</td></tr>
<tr><td>제시
(20분)</td><td>〈절차 및 주의점〉
-상황과 대상에 따라 소개하기와 소개받아 인사하기에 차이가 있음을 알도록 한다.
-네 가지 상황을 차례대로 제시하면서 비교한다.
-각 상황별로 해당 장면을 소리없이 먼저 본다.
-이후 소리, 대화 내용을 제시하면서 다시 보고 듣는다.
-해당 신체언어와 음성언어를 형태와 의미를 제시하고 설명한다.

(1) 대상이 어른일 경우, '손을 펼쳐 소개하기'와 소개받아 '고개와 허리를 숙여 인사하기'를 익힌다. 자신을 정식으로 소개할 때 표현인 'N(이)라고</td></tr>
</table>

하다'와 의도를 나타낼 때 표현인 'V(으)려고'를 익힌다.

교사: 먼저, 화면만 보면서 어떤 상황인지 생각해보세요
([자료 2-1] 화면만 제시한다).

[자료 2-1]

교사: 이제 상황을 소리와 같이 다시 보고 대화 내용도 보세요([자료 2-1] 화면을 소리내어 제시하고 [자료 2-2] 대화문도 보인다).

[자료 2-2] 대화문

A: 선생님, 제 친구를 소개할게요.(두 손을 펼쳐 C를 가리킨다)
B: 안녕하세요. 만나서 반가워요.(가볍게 목례를 한다)
C: 안녕하세요. 만나서 반갑습니다. 저는 궈친위라고 합니다.(두 손을 모으고 고개와 허리를 숙인다)
A: 이 사람은 중국 사람이에요.
B: 한국에서 공부해요?
C: 네, 한국대학교에서 한국어를 공부합니다.
B: 왜 한국어를 공부해요?
C: 한국 회사에서 일하려고 한국어를 공부합니다.

교사: A는 소개하는 사람이에요. 소개하는 사람은 어떻게 행동해요?
학습자: . . . . . .
교사: 네, 손을 이렇게 펼쳐서 가리켜요(두 손을 펼쳐 가리키기를 보이며).
B는 선생님이에요. 선생님은 어떻게 행동해요? 무슨 말을 해요?

학습자: . . . .

교사: 네, 선생님은 이렇게 가볍게 목례해요(직접 목례하기를 보이며).
C는 학생이에요. 어떻게 행동해요? 무슨 말을 해요?

학습자: . . . .

교사: 네, 학생은 이렇게 두 손을 모으고 고개와 허리를 숙여 인사해요(두 손을 모으고 고개와 허리를 숙여 인사하기를 보이며).
나이가 많은 어른께 먼저 학생을 소개해요.
소개하는 사람은 손을 펼쳐 가리켜요. 이렇게 검지를 사용하지 않아요(검지로 가리키는 동작을 보이며).
한국에서는 보통 검지로 사람을 가리키지 않아요.
어른은 가볍게 목례해요. 학생은 두 손을 모으고 고개와 허리를 숙여 인사해요.
학생은 자기 이름을 처음 말해요. 어떻게 말했어요?

학습자: 저는 궈친위라고 합니다.

교사: 네, '저는 ....(이)라고 합니다./해요' 이렇게 말해요(아래 [표 1]을 보이며). 공식적으로 자기 이름을 소개할 때 '...이라고 하다'라고 써요.
마지막이 받침이 없으면 '-라고 다'를 써요. '마리코'는 '마리코**라고 하다**'가 돼요.(굵은 글씨체를 천천히 강조하여 발음한다, 이하 동일하게 적용)마지막이 받침이 있으면 '-이라고 하다'를 써요. '스티븐'은 '스티븐**이라고 하다**'가 돼요.
궈친위는 받침없는 '위'으로 끝나요. 그래서 '궈친위**라고 합니다**'라고 했어요.

[표 1]
1. N(이)라고 하다: 공식적으로 자기 이름을 소개할 때 쓴다.

받침X	마리코→ 마리코**라고 하다**	(예) 저는 마리코**라고 합니다**.
받침O	스티븐→ 스티븐**이라고 하다**	(예) 저는 스티븐**이라고 합니다**.

교사: 궈친위는 왜 한국어를 공부해요?

학습자: 한국 회사에서 일하려고 한국어를 공부해요.

교사: 네, '왜 해요?' 질문에 '....으려고 해요'라고 답했어요([표2]를 보이며). 'V-(으)려고'는 어떤 행동의 의도를 나타낼 때 써요.
*'다'를 빼고 마지막이 받침이 없으면 '-려고'를 써요, '보내다'는 '보내**려고**'가 돼요.*
*'다'를 빼고 마지막이 받침이 있으면 '-으려고'를 써요, '먹다'는 '먹으**려고**'가 돼요.*
*'일하다'는 '다'를 빼면 받침없는 '하'로 끝나요. 그래서 '일하**려고** 한국어를 공부해요'가 돼요.*

[표 2]
2. V-(으)려고: 어떤 행위의 의도를 나타낸다.

받침X	보내다→보내**려고**	(예) 편지를 보내**려고** 우체국에 가요.
받침O	먹다→ 먹으**려고**	(예) 점심 때 먹으**려고** 김밥을 샀어요.

(2) 대상이 어른인 경우 '손을 펼쳐 소개하기'와 소개받고 어른이 손을 먼저 내민 경우 '왼손으로 오른손을 받치듯 악수하기'를 익힌다. 음성언어 표현인 'N(이)라고 하다'와 'V(으)려고'를 다시 익힌다.

교사: 자, 다음은 다른 상황에서 소개하고 인사해요.
먼저, 화면만 보면서 어떤 상황인지 생각해 보세요.([자료 3-1]의 화면만 제시한다)

[자료 3-1]

<table>
<tr><td></td><td>

교사: 아까 상황과는 다르죠? 인사를 어떻게 해요?
학습자: . . . .
교사: 이제 상황을 소리와 같이 다시 보고 대화 내용도 보세요([자료 3-1] 화면을 소리내어 제시하고 [자료 3-2] 대화문도 보인다).

[자료 3-2] 대화문

A: 사장님, 이 사람은 프엉씨입니다.(한 손을 펼쳐 C를 가리킨다)
B: 안녕하세요, 만나서 반가와요.(오른손을 내밀고 악수한다)
C: 안녕하세요, 만나서 반갑습니다. 저는 단 반 프엉이라고 합니다.(왼손으로 오른손을 받치듯 악수한다)
A: 프엉씨는 피자에 관심이 많아요.
B: 그래요? 그래서 피자가게에 지원하는 거예요?
C: 네, 일하면서 피자 만들기도 배우려고 지원합니다.
B: 한국어도 공부해요?
C: 네, 한국대학교 언어교육원에서 한국어를 공부합니다.

교사: A는 소개하는 사람이에요. 소개하는 사람은 어떻게 행동해요?
학습자: . . . .
교사: 네, 한 손을 이렇게 펼쳐서 가리켜요(직접 한 손을 펼쳐 가리키기를 보이며).
B는 피자가게 사장님이에요. 사장님은 어떻게 행동해요?
무슨 말을 해요?
학습자: . . . .
교사: 네, 피자가게 사장님은 이렇게 한 손을 내밀어 악수해요(직접 한 손을 내밀어 악수하기를 보이며).
C는 학생이에요. 어떻게 행동해요? 무슨 말을 해요?
학습자: . . . .
교사: 네, 학생은 이렇게 고개를 숙이고 왼손으로 오른손을 받치듯 하면서 악수를 해요(직접 고개를 숙이고 왼손으로 오른손을 받치듯 악수하기를 보이며)
소개하는 사람은 나이가 많은 사장님께 먼저 학생을 소개해요.

</td></tr>
</table>

소개하는 사람은 손을 펼쳐 가리켜요. 검지를 사용하지 않아요.

사장님이 한 손을 내밀어 악수를 청해요. 그러면 학생은 두 손으로 악수해요. 또는 어른은 가볍게 목례해요. 그러면 학생은 두 손을 모으고 고개와 허리를 숙여 인사해요.

C는 자기 이름을 처음 말해요. 어떻게 말했어요?

학습자: 저는 단반프엉이라고 합니다.

*교사: 네, 프엉은 받침있는 '엉'으로 끝나요. 그래서 '프엉**이라고 합니다**' 해요*

프엉은 왜 피자가게에 지원해요?

학습자 : 피자가게에서 일하고 피자 만들기를 배우려고 지원해요.

*교사: 네, '배우다'는 '다'를 빼면 받침없는 '우'로 끝나요. 그래서 '배우**려고**'가 돼요.*

(3) 대상이 또래인 경우 남자 간에는 소개받아 하는 인사로 '한 손으로 악수하기'를 할 수 있음을 익힌다. 음성언어 표현인 'N(이)라고 하다'와 'V(으)려고'가 마지막 음절 받침에 따라 다르게 적용됨을 다시 익힌다.

교사: 나이가 비슷한 사람을 또래라고 해요. 나이가 비슷한 또래 간에는 어떻게 소개하고 인사할까요?

먼저, 화면만 보면서 어떤 상황인지 생각해 보세요.

([자료 4-1]의 화면만 제시한다)

[자료 4-1]

교사: 아까 상황과는 다르죠? 인사를 어떻게 해요?

학습자: . . . .

교사: 이제 상황을 소리와 같이 다시 보고 대화 내용도 보세요([자료 4-1] 화면을 소리내어 제시하고 [자료 4-2] 대화 내용도 보인다).

[자료 4-2] 대화문

A: 정민씨, 인사해요. 이쪽은 베이커 씨예요. (한 손을 펼쳐 C를 가리킨다)
B: 김정민이라고 합니다. (오른손을 내밀고 악수한다)
C: 안녕하세요, 만나서 반가워요. 존 베이커라고 해요.(오른손을 내밀고 악수한다)
A: 존은 같은 한국어반 친구예요.
B: 네, 만나서 반가워요. 미나 씨한테서 이야기 많이 들었어요.
C: 저도 정민씨 이야기 많이 들었어요.
B: 한국말을 잘 하시네요.
C: 잘 못해요. 한국말을 잘 하려고 공부하고 있어요.

교사: A씨는 소개하는 사람이에요. 소개하는 사람은 어떻게 행동해요?
학습자: ....
교사: 네, 한 손을 이렇게 펼쳐서 가리켜요(직접 한 손을 펼쳐 가리키기를 보이며)
인사하는 사람은 모두 남학생이에요. 두 사람은 어떻게 행동해요? 무슨 말을 해요?
학습자: . . . .
교사: 네, 두 사람은 이렇게 한 손을 내밀어 악수해요(직접 한 손을 내밀어 악수하기를 보이며).
나이가 비슷한 또래 간에는 처음 만나서 서로 한 손으로 악수할 수 있어요.
특히 남자 간에는 이렇게 악수를 많이 해요.
두 사람은 자기 이름을 처음 말해요.
한국 사람은 어떻게 말했어요?
학습자: 김정민이라고 합니다.
*교사: 네, 김정민은는 받침 있는 '민'로 끝나요. 그래서 '김정민**이라고 합니다**' 해요.*

미국 사람은 자기 이름을 어떻게 말했어요?

학습자: 존 베이커라고 해요.

교사: 네, 존 베이커는 받침 없는 '커'로 끝나요. 그래서 '존 베이커**라고 해요**'라고 말해요.

교사: 베이커는 왜 한국어를 공부하고 있어요?

학습자: 한국어를 잘하려고 공부하고 있어요.

교사: 네, '잘하다'는 '다'를 빼면 받침 없는 '하'로 끝나요. 그래서 '잘하**려고**'가 돼요.

(4) 대상이 또래인 경우, 소개받아 인사할 때 '가볍게 목례를 하'거나 '한 손을 펼쳐들기'로 인사할 수 있음을 익힌다. 음성언어 표현인 'N(이)라고 하다'와 'V(으)려고'의 쓰임을 다시 익힌다.

교사: 마지막으로, 나이가 비슷한 또래 간에 또 어떻게 소개하고 인사할까요?

먼저, 화면만 보면서 어떤 상황인지 생각해 보세요.

([자료5-1]의 화면만 제시한다)

[자료5-1]

교사: 아까 상황과는 다르죠? 인사를 어떻게 해요?

학습자: . . . . . .

교사: 이제 장면과 대화 내용을 보면서 다시 들어보세요.([자료 5-1] 화면을 소리내어 제시하고 [자료 5-2] 대화문도 보인다)

[자료 5-2] 대화문

A: 서로 인사해. 이 쪽은 같은 과 친구야.(한 손을 펼쳐 B를 가리킨다)
이 쪽은 내 고향 친구야.(한 손을 펼쳐 C를 가리킨다)
B: 안녕하세요, 박경수라고 해요.(가볍게 목례한다)
C: 안녕하세요, 나는 천티늉이라고 해요. 만나서 반가워요.
(한 손을 가볍게 든다)
A: 늉은 한국 드라마를 아주 좋아해.
B: 그래? 한국 드라마를 좋아해서 한국에 왔어요?
C: 네, 한국 드라마가 재미있어서 매일 봐요.
B: 한국어 공부도 드라마 때문에 하는 거예요?
C: 네, 드라마를 한국어로 보려고 한국어를 공부해요.

• 목례: 눈인사

교사: A는 소개하는 사람이에요. 소개하는 사람은 어떻게 행동해요?
학습자: . . . . . .
교사: 네, 한 손을 펼쳐서 가리켜요. 친구라도 이렇게 검지로 가리키지 않아요(직접 검지로 가리키기를 보이며).
인사하는 사람은 남학생, 여학생이에요. 남학생은 어떻게 행동해요?
학습자: . . . .
교사: 네, 남학생은 이렇게 목례를 했어요. 목례는 눈인사라고도 해요(직접 목례하기를 보이며).
여학생은 어떻게 인사했어요?
학습자: . . . . . .
교사: 네, 이렇게 한 손을 가볍게 들었어요(직접 한손 들기를 보이며).
나이가 비슷한 또래 간에는 처음 만나서 가볍게 목례를 하거나 손을 들기도 해요.
두 사람은 자기 이름을 처음 말해요.
남학생은 어떻게 말했어요?
학습자: 박경수라고 해요.
*교사: 네, 박경수는 받침 없는 '수'로 끝나요. 그래서 '박경수**라고 합니다**' 해요.*

	여학생은 자기 이름을 어떻게 말했어요? *학습자: 나는 천티늉이라고 해요.* *교사: 네, 천티늉은 받침 있는 '늉'로 끝나요. 그래서 '천티늉이라고 해요' 라고 말해요.* *교사: 천티늉은 왜 한국어를 공부해요?* *학습자: 드라마를 한국어로 보려고 한국어를 공부해요.* *교사: 네, '보다'는 '다'를 빼면 받침 없는 '보'로 끝나요. 그래서 '보려고'가 돼요.*
연습-1 (20분)	(1) 제시된 4가지 상황에 해당하는 대화문과 행동 지문을 읽고 연습한다. 먼저, 전체적으로 읽는다. *교사: 이제 이 네 가지 상황에 대해 연습해 보아요. 같이 내용을 한 문장씩 듣고 따라서 한 번씩 읽어봅시다.* *학습자: . . . . . . (제시된 4가지 상황에 대해 녹음 내용을 듣고 따라 읽는다)* (2) 3명씩 한 모둠이 되어 A, B, C 역할을 돌아가며 맡아서 말하고 행동하는 연습을 한다. *교사: 이제 모둠별로 상황 연습을 해 봐요. 세 명이 한 모둠이 되어 세 명의 역할을 돌아가며 맡아서 하세요. 자리에서 일어나서 연기하듯이 말과 행동 모두 실감나게 하세요.* *학습자: . . . . . .(모둠별로 4가지 상황에 대해 역할을 맡아 말과 행동을 같이 연습한다)* 교사는 돌아다니면서 학습자의 질문에 응하고 말과 행동에 도움을 줄 수 있다. (3) 모둠별로 일어나서 한 상황씩 발표한다. *교사: 이제 모둠별로 일어나서 하나의 상황에 대해서 발표해 봐요.* *진짜 A, B, C 가 된 거처럼 해 보세요.* *학습자: . . . .*

〈표 5-5〉 2차시 신체언어 교수·학습안

<table>
<tr><th colspan="2">2차시 (50분)</th></tr>
<tr><th>단계</th><th>주요 활동</th></tr>
<tr><td>연습-2
(10분)</td><td>(1) 1차시에 익힌 인사하기와 소개하기의 내용을 연습 문제를 통해 확인한다. 신체언어에 대해서는 이의 문자적 표현을 읽고 이해하는 연습과 음성언어 표현에 대해서는 활용하여 정확히 쓰는 연습을 한다.

교사: 이제 나눠주는 연습문제를 해봅시다(아래 인쇄된 연습문제를 나누어 준다). 소개하기와 인사하기의 말과 행동에 관한 쓰기 연습이에요.

[연습문제]
(1~3) 다음 상황에 적당한 행동을 고르시오.
1. 어른에게 하는 인사 행동으로 적당한 것은? (,)
① 고개와 허리 굽히기 ② 손 흔들기
③ 두 손 악수 ④ 한 손 악수

2. 또래에게 하는 인사 행동으로 적당한 것은? (,)
① 고개와 허리 굽히기 ② 손 흔들기
③ 두 손 악수 ④ 한 손 악수

3. 사람을 가리킬 때 하는 행동으로 적당한 것은? ( )
① 손가락으로 가리킨다 ② 턱으로 가리킨다
③ 손을 펴서 가리킨다

(4~9) 제시된 표현을 사용하여 다음 밑줄에 ( )에 있는 말을 맞게 쓰시오.

(4~6). N(이)라고
4. A: 이 음식은 뭐예요? B: 이거는 __________ 합니다.
(비빔밥)
5. A: 이 음식은 뭐예요? B: 이거는 __________ 합니다.
(김치찌개)</td></tr>
</table>

<table>
<tr><td></td><td>
6. A: 인사하세요. 제 한국어반 친구예요.
B: 안녕하세요. 저는 ________________ 합니다.

(7~9). V(으)려고
7. A: 시장에 왜 가요? B: ____________________ 가요
(옷을 사다)
8. A: 시장에 왜 가요? B: ____________________ 가요.
(밥을 먹다)
9. A: 한국어를 왜 공부해요? - 저는 ________________
한국어를 공부해요.

학습자가 연습 문제를 푸는 동안 교사는 돌아다니며 부족한 부분에 도움을 준다.

(2) 연습문제의 정답을 전체 학습자와 같이 확인한다.
</td></tr>
<tr><td>활용
(30분)</td><td>
(1) 1차시에서 익힌 소개하기와 인사하기를 활용하여 실제와 유사한 상황에 대해 직접 대화문을 만들고 연습하여 발표한다.

교사: 우리는 소개하기와 인사하기 연습을 했어요.
이제 이와 비슷한 상황을 여러분이 직접 소개말과 인사말을 만들어 보아요. 자신의 이름을 넣고 실제처럼 하는 거예요. 여기 세 가지 상황이 있어요. A, B, C 세 명의 역할이 있어요. 모둠별로 선택해서 소개하기와 인사하기를 하는 거예요. 대화를 직접 재미있게 만들어 보아요. 소개하는 행동, 인사하는 행동도 괄호 안에 써보세요. [보기]를 보면서 써도 돼요. 이야기를 좀 더 길게 만들어도 좋아요. 그리고 연습해서 모둠별로 발표해 봅시다.
선생님이 돌아다닐 테니까 질문이 있으면 이야기해요.

학습자는 3인이 한 모둠이 되어 다음과 같이 제시된 세 가지 상황에서 하나를 모둠별로 선택한다. 선택한 상황에 대해 역할을 분담하고 자신의 대사와 행동지문을 적는다. 필요하면 교사에게 질문하기도 한다. 대화문이 완성되면 자신의 역할을 맡아 연습한다.
</td></tr>
</table>

	교사는 학습자의 모둠 활동 동안 모둠별로 돌아다니며 질문에 답하거나 부족한 부분에 도움을 준다. [상황1] 등장인물: 한국어 담임 선생님, 학생1, 옆반 학생 학생1이 한국어 담임 선생님에게 옆반 학생을 소개한다. 선생님과 옆반 학생은 서로 인사하고 이야기를 나눈다. 학생1 :________ 담임선생님:________ 옆반 학생 :________ 학생1 :________ 담임선생님:________ 옆반 학생 :________ 담임선생님:________ 옆반 학생 :________ ________ [상황2] 등장인물: 하숙집 주인 아주머니, 하숙생, 하숙생의 친구 하숙생이 하숙집 주인 아주머니에게 하숙집으로 놀러온 친구를 소개한다. 주인 아주머니와 하숙생의 친구는 서로 인사하고 이야기를 나눈다. 하숙생 :________ 주인 아주머니:________ 하숙생 친구 :________ 하숙생 :________ 주인 아주머니:________ 하숙생 친구 :________ 주인 아주머니:________ 하숙생 친구 :________ ________

[상황3]

등장인물: 남자·여자와 모두 친구인 사람1, 남자, 여자

사람1이 나이가 비슷한 남자와 여자를 서로 소개한다. 남자와 여자는 서로 인사하고 이야기를 나눈다.

소개하는 사람: ____________________

남자 : ____________________

여자 : ____________________

소개하는 사람: ____________________

남자 : ____________________

여자 : ____________________

남자 : ____________________

여자 : ____________________

____

[보기]

여기 예시된 말과 행동을 사용해서 대화문을 완성해 보세요.

〈말〉	〈행동〉
• 안녕하세요? 안녕? • 만나서 반갑습니다. • 만나서 반가워요. • 저는 ....(이)라고 합니다. • 나는 ....(이)라고 해. • 왜.....합니까?/해요? • ....(으)려고	• 손을 펼쳐 가리킨다 • 고개와 허리를 숙여 인사한다 • 고개를 숙이고 왼손으로 오른손을 받치듯 악수한다 • 한 손으로 악수한다 • 가볍게 고개를 숙인다 • 손을 들어 인사한다

(2) 모둠별로 나와서 역할극을 발표한다. 다른 학습자는 이를 주의 깊게 보면서 피드백을 준비한다.

교사: 네, 이제 모둠별로 나와 자신의 역할을 해 보세요.
그리고 다른 모둠 학생들은 잘 보면서

	'누가 잘 해요', '어떤 부분이 이상해요', '어떻게 해야 해요' 를 생각 해 보세요. 학습자 : . . . . 〈모둠 발표의 예〉 A: 선생님, 제 친구 ..... 입니다.(손을 펼쳐 C를 가리킨다) B: 아, 그래요, 저는 B반 담임 선생님이에요. 만나서 반가워요.(고개를 가볍게 숙여 인사한다). C: 안녕하세요 ? 아모미.라고 합니다. 만나서 반갑습니다.(고개와 허리를 숙여 인사한다.) A: 선생님 아모미는 일본 사람이에요. 우리 옆 반에서 공부해요. B: 네, 왜 한국어를 공부해요? C: 한국 드라마를 아주 좋아합니다. 한국 드라마를 보면서 한국과 한국어에 관심이 많아졌습니다. 한국 드라마를 한국어로 보려고 열심히 공부합니다. B: 네, 아주 좋아요. 열심히 공부하세요. 그럼 다음에 봐요. (손을 가볍게 들며 인사한다.) A, C: 네, 선생님, 안녕히 계세요. (고개와 허리를 숙여 인사한다) (3) 모둠별 역할극 발표에 대해 전체 학습자가 질문 및 토의를 한다. 교사: 네, 우리 함께 발표한 것에 대해 이야기해 보아요. 누가 제일 잘 했어요? 조금 이상한 게 있었어요? 그럼, 어떻게 해야 해요? . . . 학습자: . . . .
마무리 (10분)	(1) 교수학습한 내용을 다시 정리한다. 교사: 여러분, 오늘 소개하고 인사하는 거 배웠습니다. 선생님이나 나이 드신 어른에게 친구를 어떻게 소개해요? 무슨 말을 해요? 어떻게 행동해요? 학습자: 제 친구를 소개하겠습니다.(대답하면서 손을 펼쳐 올리는 행동을 보인다)

	교사: 네, 손을 펼쳐서 가리켜요. 검지를 사용하지 않아요. *'선생님, 제 친구를 소개할게요. ....입니다.'라고 해요.* *소개받았어요. 그러면 어떻게 인사해요?* *무슨 말을 해요? 어떻게 행동해요?* *학습자: 안녕하세요. 만나서 반갑습니다. 저는 ...라고 합니다.(대답하면서 고개와 허리를 숙이는 행동을 보인다)* *교사: 네, 어른에게 손을 모으고 고개와 허리를 숙여 인사해요.* *어른이 먼저 손을 내밀면 두 손으로 악수해요.* *'안녕하세요, 만나서 반갑습니다.'라고 말해요.* *'저는 ....이라고 합니다.'라고 자기 소개를 해요.* *그럼, 나이가 비슷하거나 어린 친구는 어떻게 소개해요?* *무슨 말을 해요? 어떻게 행동해요?* *학습자: 인사해요. 내 친구예요. (손을 펼쳐 가리키는 행동을 보인다)* *교사: 네, 역시 손을 펼쳐 가리키면서 소개해요. 검지를 사용하면 안돼요.* *'인사해요. 제 친구....이에요'라고 해요.* *소개받았어요. 그러면 어떻게 인사해요?* *무슨 말을 해요? 어떻게 행동해요?* *학습자: 안녕? 나는 ....라고 해요.(대답하고 행동으로 보인다)* *교사: 네, 남자와 남자 간에는 한 손으로 악수를 하기도 해요.* *가볍게 고개를 숙이거나 손을 들기도 해요.* *인사말로 '안녕하세요? 만나서 반가워요.'라고 해요.* *자기 소개로 '나는 ....이라고 해요'라고 해요.* *'왜 한국어를 배워요?'라고 물으면 어떻게 대답해요?* *학습자: 한국어를 잘하려고 배워요,* *교사: 네, '한국 친구들과 이야기를 잘하려고 한국어를 배워요'라고 말할 수 있어요.* (2) 소개하기 및 인사하기 기능을 실제에서 활용할 것을 권한다. *교사: 오늘 수업에서 소개하기와 인사하기를 배웠어요.* *상황이나 상대방에 따라 소개받아 인사하는 말과 행동이어떻게 다른지 배웠어요.* *이제 여러분도 자신있게 한국에서 많이 소개하고 인사하세요.*

	학습자 : . . . . (3) 다음 차시 예고 및 끝인사.

6

결론

본서는 한국어 교육을 위해 신체언어의 이해와 사용에 대한 교수·학습이 필요함을 밝히고 이를 위해 한국어 교육용 신체언어를 선정하고 학습자의 이해 양상과 교수·학습 양상을 분석하였으며 이를 바탕으로 교육방안을 제시하고자 하였다.

1장에서는 한국어 교육에서 성공적인 의사소통을 위해 신체언어에 관한 교수·학습이 필요함을 논의하였다. 의사소통은 말과 글이라는 언어적 수단과 언어를 제외한 모든 종류를 포함하는 비언어적 수단을 사용하여 이루어진다. 그러나 비언어적 수단에 대해서는 그 중요성에 비해 교육적 관심과 적용이 이제까지 충분치 않았음을 언급하였다. 특히, 이러한 비언어적 수단 가운데 우리의 몸을 사용하는 신체언어는 음성언어와 마찬가지로 소통의 일차적 매체로서 항상 관여된다는 점에서 우선적으로 연구 대상이 될 필요가 있다고 보았다. 또한 선행 연구 검토를 통해 이제까지 한국어 교육에 적합한 신체언어에 대한 선정과 교육적 적용이 충분하지 못함을 확인하였다. 따라서 이를 본서의 목표로 삼아 진행하기로 하였다.

2장에서는 이론적 배경이 되는 논의로 먼저 신체언어의 개념을 논하면서 한국어 교육용 신체언어는 '인류 보편적이 아닌, 한국의 문화권에서 특수하게 사용되면서 교육적으로 적합한 신체언어'로 정의하였다. 신체언어의 인류 보편성과 지역 특수성에 관한 구체적 개념을 파악하기 위하여 신체언어를 표현하는 수단을 자세, 몸짓, 표정, 응시, 접촉이라는 5가지 유형으로 나누어 각각에 대해 살펴보았다. 이를 통해 감정과 사고를 표현하고자 하는 욕구는 문화 보편적이지만, 표현할 수 있는 조건과 방식은 문화에 따라 특수하게 규정되는 것이 있으며, 이때 5가지 유형에서 한국적 특수성을 띠는 신체언어는 무엇이 될 수 있는지에 대한 논의를 전개하였다.

현재 한국어 교육에서 기능을 중심으로 이루어지는 음성언어와 마찬가지로 신체언어 역시 기능 중심으로 접근할 필요가 있음을 강조하였다. 신체언어는 수행하는 기능이 관계 메시지 전달을 중심으로 하며, 내용 메시지 전달을 중심으로 하는 음성언어와 상호 보완적인 역할을 담당한다. 따라서 한국어 교육에서 각각의 중심 기능에 초점을 맞춰야 할 필요성을 언급하였다. 이에 더해, 한국 신체언어는 음성언어와 마찬가지로 공손성에 따라 형태에서 차이를 보이는 특질을 지님을 논의하였다.

3장에서는 2장의 논의를 바탕으로 한국어 교육용 신체언어의 선정 기준을 한국적 특수성, 일상성, 현재성, 의사소통 기능성과 하위 기준인 공손성으로 설정하였다. 앞선 네 가지 기준은 이를 모두 가지고 있는지로 신체언어를 가름할 수 있는 것이고, 공손성은 한 신체언어가 네 가지 기준에 해당하되 상황 맥락에 따라 공손성의 차이를 나타내는 다른 형태가 있는 경우 이를 포함하도록 하는 기준이 된다. 이러한 기준을 토대로 문헌 검토와 전문가 조사를 통해 사회적 요구에 부합하는 신체언어 목록을 찾고자 하였다.

먼저, 이제까지 수집된 신체언어를 중복 제시된 빈도순으로 59개 항목으로 정리하였다. 이러한 항목에 대해 한국어 교육 전문가를 대상으로 적합성 판정 조사를 실시하여 CVR(내용타당도비율) 값으로 타당성이 확인된 42개 항목을 1차 목록으로 작성하였다.

여기에 학습자의 인지 수준과 요구에 부합하는 신체언어를 찾고자 학습자 대상 설문 조사를 실시하였다. 도출된 1차 목록에 대하여 학습자 대상 면담을 통해 직관적으로 인지하는 데에 어려움이 없는 13개 항목은 제외하고 문화적 배경의 차이에 따라서 이해하기 어려워하는 29개 항목을 중심으로 설문지를 구성하였다. 설문지를 3개 영역인 기능별 항목 인지도, 공손성 인지도, 교수·학습 요구도 부분으로 나누어 구성하여 모어 화자와 국내 대학 기관에 재학하는 학습자를 대상으로 실시하였다. 164명의 학습자를 6개의 지역 범주(전체 학습자, 영미 유럽, 전체 아시아, 중국, 베트남, 기타 아시아)로 나누어 문화권별 차이를 포함하여 알고자 하였다. 조사의 통계 처리는 SPSS를 사용하였으며 모어 화자와 각 지역 범주별 학습자 간에 유의미한 차이가 나는 변수를 중심으로 분석하였다.

설문 조사 결과, 전체 학습자가 29개 항목 가운데 18개 항목에 대해 인지가 낮은 것에 비해 영미 유럽 학습자는 29개 항목 가운데 25개 항목에 대해 인지가 낮은 것으로 드러났다. 이를 통해 한국과 문화적 차이가 크다고 이해되는 지역이 신체언어에도 차이가 보다 크며 따라서 이 지역 학습자에게 한국 신체언어에 대한 인지가 더 어렵다는 것을 알 수 있었다. 3장에서 언급하였듯이, 영미 유럽 학습자가 문화 차이에 따른 인지도 수준이 가장 낮고 학습 요구도는 가장 높은 것을 고려하여 25개 항목을 최종적으로 작성하였다. 또한 학습자 가운데 37.8%가 한국 신체언어를 몰라 의사소통에서 불편을 경험한 적이 있으며, 8.5%만이 정식으로 학습한 경우를 기억하고 있으며, 교수·학습의 필요성에 대해서는 5점 기준으로 3.84점으로 상당히 높게 나타났다.

4장에서는 한국어 교재에 신체언어가 어느 정도 구현되어 있는지를 목표와 내용 분석을 통해 파악하였다. 국립국어원에서 한국어 교육과정의 표준화를 위해 마련한 『국제 통용 한국어 교육 표준 모형』에서 한국인의 인사법, 의례적 행동, 손짓, 몸짓 등을 기초적인 의사소통 기능을 중심으로 하는 초급에서부터 다루어야 한다는 목표가 제시되어 있다.

반면, 널리 사용되고 있는 한국어 통합 교재와 문화 중심 교재 총 61권을 분석한 결과, 총 9군데에만 신체언어가 명시적으로 나타나 있으며 이러한 경우에도 대부분 이해를 위한 정보 제공 차원에 머무르고 있으며 목표 제시, 내용 구성, 연습 및 활용할 수 있는 장치가 충분치 못하였다. 아울러, 최근 교재에서는 구체적인 삽화를 통해 한국 신체언어가 드러난 경우가 있는데 이를 효과적으로 활용하기 위해서 명시적인 질문, 과제 지시 등의 방법이 강구되어야 함을 논하였다.

5장에서는 한국어 교육에서 신체언어 교수학습이 이루어지기 위한 원리로서 의사소통 기능 중심, 수준별 교수학습, 명시적인 교수학습, 비교 방법의 사용을 제안하였다. 3장에서 최종 목록으로 작성된 25개 신체언어 항목을 중심으로 기능별로 교육 내용을 정리하여 제시하였다. 또한 기존 한국어 기능별 교수요목에 신체언어 항목을 통합적으로 조직하였다. 그리고 이를 수업에서 구현할 수 있는 모형을 제안하기 위해 '소개하기 및 인사하기' 기능의 신체언어 항목을 주제로 정하여 이를 총 2차시 교수·학습안으로 구체화하여 제시하였다.

한국어 교육에서 신체언어의 교수·학습을 위한 본서의 의의는 다음과 같다. 먼저, 본서는 교육용 신체언어 선정을 위한 기준을 마련하여 제시하였다. 이는 한국어 교육용 신체언어는 무엇이어야 하는가에 대한 개념적 논의의 틀로 사용될 수 있을 것이다.

두 번째로 한국어 교육용 신체언어를 25개로 선정하여 제시하였다. 이는 문헌 검토, 전문가 조사, 학습자 설문 조사를 거쳐 목록을 작성한 것이다. 설문 대상 학습자는 한국어를 배우는 다양한 학습자 집단 전체를 대표한다고 볼 수는 없으나, 일반적 의사소통을 목적으로 하는 한국어 교육의 전형적인 한 표집단으로서 의미가 있을 것이다. 이 목록은 유사한 학습자 집단일 경우 교육에 바로 적용이 가능하고 상이한 학습자 집단일 경우에는 이를 토대로 첨삭의 과정을 거쳐 사용될 수 있을 것이다.

마지막으로 신체언어의 교수학습 적용을 위한 방안의 마련이다. 음성언어 중심의 교육 현장에서 신체언어를 통합적으로 수용하기 위한 4가지 원리를 제시하였다. 이는 신체언어가 교육 내용으로 구현이 어떻게 되어야 하는가에 대한 기본 생각으로 신체언어를 교수학습하고자 할 때 도움이 될 수 있을 것이다. 이에 대한 적용 모형으로 실제 시행한 교수·학습안을 예시로 들었는데 이를 통해 현재 이루어지는 수업에서 어렵지 않게 신체언어를 통합적으로 교수학습될 수 있음을 알고 이를 현장에 적용할 수 있을 것이다.

이러한 연구의 의의에도 불구하고 다음과 같은 점은 연구의 한계로 볼 수 있다. 먼저, 한국어 교육용 신체언어에 관한 연구와 교육적 구현은 현재 초기 단계라 진단하고 본 연구는 우선적으로 일반 목적의 한국어 교육을 위해 신체언어의 일상적 의사소통 기능에 집중하였다. 따라서 학문 목적 또는 직업 목적 등 특수 목적의 한국어 교육을 위한 신체언어 목록은 구체적 목적에 따라 보다 세분화하여 마련하지 못한 점이 한계라고 할 수 있다.

또한 본서에서는 학습자의 한국 신체언어의 인지도 조사를 위해 학습자 문화권을 크게 아시아와 영미 유럽으로 나누고 유학생 비중이 높은 중국, 베트남을 따로 구분지어 분석하였다. 여기서 한국어 학습자들의 전 세계 모든 지역 범주를 포함하지 못하였다는 데 한계점이 있다. 향후에 보다 다양한 학습자 출신 지역에 따른 신체언어 비교 연구와 이의 교육적 적응을 위해 세계 지역을 보다 세밀하게 구분하여 진행할 필요가 있을 것이다.

마지막으로 본서에서 교육 내용과 방안을 제시하였으나 이를 교육적으로 적용하고 효과를 검증하는 연구는 하지 못하였음을 밝힌다. 이 연구가 디딤돌이 되어 한국어 교육 실정에 부합된 신체언어에 관한 교육과정 개발 및 수업 연구가 이어지길 기대한다.

원활한 의사소통을 목적으로 하는 한국어 교육에서 신체언어를 포함한 비언어 영역에 대한 연구와 적용에는 가야 할 길이 멀다고 할 수 있다. 지속적으로 다양한 비언어 표현 방식에 대한 연구의 폭을 넓혀가야 할 것이다.

참고문헌

갈라노바 딜노자·강미영(2017), 한국과 우즈베키스탄의 비언어적 의사소통 표현 방식 연구, 『문화교류연구』 6(3), 5-27쪽.

강길호·김현주(1995), 『커뮤니케이션과 인간』, 한나래.

강소영(2017), 외국인 한국어 학습자를 위한 비언어적 표현 교육방안 연구, 『한민족문화연구』 57, 339-380쪽.

권종분(1998), 외국어 습득에 있어서 신체언어능력의 중요성 및 문화와 제스의 관계, 『외국어교육연구』 1, 111-137쪽.

_____(2006), 비언어적 요소를 고려한 한국어 교재 개발 연구, 상명대학교 석사학위논문.

김경지(2007), 영상매체를 활용한 신체언어 교육방안-몸짓을 중심으로-, 『고황논집』 40, 9-16쪽.

_____(2009), 한국어 학습자를 위한 비언어적 커뮤니케이션 연구, 『이중언어학』 40, 1-29쪽.

_____(2011), 한국어 학습자를 위한 비언어적 표현 연구, 경희대학교 박사학위논문.

김대현·김석우(2008), 『교육과정 및 교육평가』, 학지사.

김성수(2005), 비언어 텍스트를 통한 문화교육 방안-광고 이미지를 중심으로-, 『언어와 문화』 1(2), 149-165쪽.

김성수·김선정(2004), 비언어 텍스트를 통한 한국어 교육 방안-이미지를 중심으로-, 『언어와 문화』 1, 103-119쪽.

김숙현·김평희·박기순·신민아·이두원·정현숙·최윤희(2001), 『한국인과 문화간 커뮤니케이션』, 커뮤니케이션북스.

김영순(1999), 다중 문화 교육을 위한 동작 분석 방안, 『이중언어학』 16, 131-147쪽.

_____(2000), 한국인 손동작의 의미와 화용, 『한국어 의미학』 6, 27-47쪽.

_____(2001a), 『신체언어 커뮤니케이션 기호학』, 커뮤니케이션북스.

_____(2001b), 손짓 기호로 광고 텍스트 읽기, 『기호학 연구』 10, 115-138쪽.

_____(2002), 몸짓 의사소통적 한국어 교수법 모형, 『이중언어학』 20, 1-24쪽.

김영순·김연화(2007), 『몸짓 기호와 손짓 언어: 교사-학생간 비언어 의사소통 연구』, 한국문화사.

김우룡·김해영(2014), 『비언어 커뮤니케이션』, 커뮤니케이션북스.

김우룡·장소원(2004), 『비언어 커뮤니케이션론』, 나남.

김인택(2009), 신체언어와 문화의 상관성, 『우리말연구』 24, 165-195쪽.
김정은(2006), 한국어 교육에서의 비언어적 표현 교육, 『외국어교육』 13(2), 509-525쪽.
_____(2008), 문화 간 의사소통의 갈등 양상분석, 『한국어 교육』 19(2), 1-38쪽.
_____(2015), 한국어교재의 비언어 표현과 문화교육, 『한국어와 문화』 18, 403-422쪽.
김중섭 외(2010), 『국제 통용 한국어 교육 표준 모형 개발』, 국립국어원.
_____(2011), 『국제 통용 한국어 교육 표준 모형 개발 2단계』, 국립국어원.
_____(2016), 『국제 통용 한국어 표준 교육과정 활용 점검 및 보완 연구』, 국립국어원.
_____(2018), 『국제 통용 한국어 표준 교육과정 적용 연구』, 국립국어원.
김진석(2015), 『문화 간 의사소통 능력과 다문화교육』, 한국문화사.
김진웅(1989), 한국인의 비언어적 커뮤니케이션행위에 관한 연구, 한국외국어대학교 석사학위논문.
나은영·차유리(2010), 한국인의 가치관 변화 추이: 1979년, 1998년, 및 2010년 의 조사 결과 비교, 『한국심리학회지: 사회 및 성격』 24(4), 63-93쪽.
노승용(2006), 알기 쉬운 연구방법론 7: 델파이 기법: 전문적 통찰로 미래예측 하기, 『국토』 299, 53-62쪽.
리샤오원(2012), 한국어 교육을 위한 한중 신체언어 대조연구, 경희대학교 석사학위논문.
문금현(2017), 한국어 공손성 표현의 생성 유형 분류, 『한국어와 문화』 21, 51-75쪽.
민용성(2011), 교과 교육내용의 적합성 준거 개발, 『학습자중심교과교육연구』 11(3), 19-41쪽.
박갑수(2011), 비언어 행동과 한국어 교육, 『국학연구론총』 8, 9-45쪽.
박도순(2008), 『교육연구 방법론』, 문음사.
박명석(1980), 문화권간의 비언어적 의사소통에 대한 고찰, 『언어와 언어학』 6, 63-79쪽.
박영순(2007), 『한국어 화용론』, 박이정.
박인진(2003), 언어로서의 몸짓, 『외대논총』 27, 273-291쪽.
박정향(1993), 예(禮)의 커뮤니케이션: 유교사상과 한국인의 인간 커뮤니케이션, 『한국언어학회』 30, 59-98쪽.
박종한(2012), 문화교육의 현주소: 교육내용에 대한 진단과 대안 모색, 『중국어교육과 연구』 15, 201-225쪽.
백승옥(2013), 재미교포 학습자를 위한 한국어 비언어표현 교육 방안 연구, 경희대학교 교육대학원 석사학위논문.

사희만(1990), 아랍인의 비언어적 의사소통 양식에 관한 고찰-제스처를 중심으로-, 『한국 이슬람 학회 논총』 1(1), 117-129쪽.

성광수(1999), 이중언어교육과 비언어적 소통, 『이중언어학』 16, 1-34쪽.

_____(2001), 한국어에 있어서 몸짓과 발화의 관계, 『이중언어학』 16, 299-326쪽.

성광수·김성도(2001), 한국인의 언어 예절과 신체언어, 『기호학연구』 10, 77-114쪽.

심휘령(2017), 한국어 학습자를 위한 비언어적 의사소통 교육 방안 연구-초급 교육에서 손짓 언어를 중심으로 -, 중앙대학교 석사학위논문.

안희숙(2006), 비언어적 표현활동이 말하기 태도에 미치는 효과, 제주교육대학교 교육대학원 석사학위논문.

원지은(2006), 영화에 나타난 한일 신체언어의 의사소통 기능, 『일본어문학』 34, 123-146쪽.

윤상석(2016), 한국어의 공손성 교육과 학습-미국의 Korean as a Foreign Language(KFL) 학생들의 경우-, 『국제한국어 교육학회 국제 학술발표논문집』 28, 435-441쪽.

윤애선(1998), 신체언어의 의사 소통 기능, 『성곡논총』 29(1), 351-479쪽.

응웬 티 흥(2017), 한국인과 베트남인의 신체언어 비교 분석 및 상호문화교육적 개선 방안, 이화여자대학교 석사학위논문.

이노미(2006), 문화 간 비언어 커뮤니케이션 인지능력 평가에 관한 비교 문화적 연구-한국과 아시아 지역 "손짓언어"를 중심으로-, 성균관대학교 박사학위논문.

_____(2007), 『손짓, 그 상식을 뒤엎는 이야기』, 바이북스.

_____(2016), 문화 간 비언어 커뮤니케이션 교육 활성화를 위한 시각매체 비교연구-중국 손짓언어를 중심으로-, 『한국영상학회논문집』 4(2), 59-74쪽.

이명애·박광옥·이지양(2016), 한국문화교육에서의 문화지능 적용 연구: '문화적 선입견 다루기' 전략을 중심으로, 『언어와 문화』 12(4), 151-175쪽.

이석주(1999), 신체언어와 의사 전달, 『국어교육』 101, 65-93쪽.

이선이(2007), 『외국인을 위한 한국현대문화』, 한국문화사.

이승환(1997), '몸'의 기호학적 고찰-유가 전통을 중심으로, 『기호학연구』 3(1), 42-75쪽.

이영혜·김현주(2014), 비언어의 상호동기화가 커뮤니케이션에 미치는 영향: 음성언어와 몸짓 언어를 중심으로, 『스피치와 커뮤니케이션』 25, 153-184쪽.

이은경(2009), 삽화 제시 유형에 따른 학습자의 삽화 이해에 관한 연구, 이화여자대학교 석사학위논문.

이종성(2001), 『델파이 방법』, 교육과학사.

이주섭(2005), 듣기·말하기 교육에서의 비언어적 표현 지도 방안, 『청람어문교육』 31, 101-121쪽.

이지양(1998), 『국어의 융합현상』, 태학사.

임성우(2006), 대화에 나타나는 신체언어의 의사소통적 역할-대화분석론적 관점을 예로 들며-, 『독일어문학』 34, 315-334쪽.

장영희(2006), 비언어적 행위와 의사소통, 『남서울대학교 논문집』 12, 55-79쪽.

장한업(1999), 신체언어와 외국어-불어교육, 『불어불문학연구』 39, 187-207쪽.

_____(2001), 외국어 교수/학습에 있어서 동작의 중요성, 『기호학연구』 10, 139-153쪽.

정미진(2014), 한국어 공손 표현의 교수·학습 연구, 가톨릭대학교 박사학위논문.

정영진·정영숙·신혜영·김두범·김현희·이해정(2005), 『부모와 교사를 위한 기본 생활예절교육』, 창지사.

정혜경(1999), 『언어행동과 비언어행동』, 박이정.

정희모·박정하·김미란·김성숙(2013), 『의사소통교육 성과 진단』, 한국교양기초교육원.

조은숙(2016), 한국인과 터키인의 비언어 커뮤니케이션 대조 연구, 『언어와 문화』 12(2), 179-201쪽.

조현용(2003), 비언어적 행위 관련 한국어 관용표현 교육 연구, 『한국어교육』 14(1), 279-297쪽.

_____(2005), 한국어 비언어적 행위 표현과 한국어문화 교육 연구, 『한국어교육』 16, 307-335쪽.

_____(2007), 한국인 비언어적 행위의 특징과 한국어 교육 연구, 『이중언어학』 33, 269-295쪽.

_____(2009), 『한국인의 신체언어』, 소통.

조혜진(2005), 문화간 비음성언어 차이에 대한 접근-한국어와 스페인어의 몸짓언어를 중심으로, 『언어와 언어학』 35, 321-336쪽.

주명애(2010), 한국어의 예의 문화적 특징과 문화 교육, 『한국(조선)어교육연구』 7, 251-265쪽.

최윤희(1999), 『비언어 커뮤니케이션』, 커뮤니케이션북스.

추계자(1997), 비언어적인 요소인 한독 신체언어 기호의 비교분석, 『독일어문학』 7, 93-118쪽.

_____(2003), 한국 대학생들의 독일 신체언어 이해에 대한 실험분석 I - 문화의존적인 신체언어 기호를 중심으로-, 『코기토』 59, 227-242쪽.

_____(2003), 한국 대학생들의 독일 신체언어 이해에 대한 실험분석II- 이중적 특성을 지닌 신체언어 기호를 중심으로-, 『사대논문집』 42, 1-12쪽.

한기태(1987), 대인관계의 생심리학: 비언어적 커뮤니케이션으로서의 시선, 『고신대학 논문집』 15, 299-319쪽.

한민·최인철·김범준·이훈진·김진형(2012), 한국인의 마음지도 I : 한국 대학생의 정서, 사고방식, 가치관, 『한국심리학회지: 일반』 31(2), 435-464쪽.

허지애(2010), 한국어 교재에 나타난 비언어행동의 분석과 한국어 교육에서의 활용방안, 『국어교과교육연구』 17, 37-66쪽.

홍기선(1994), 『커뮤니케이션론』, 서울:나남출판.

_____(1995), 비언어 커뮤니케이션 분류에 대한 연구, 『커뮤니케이션 과학』 13(15), 3-23쪽.

홍민표(1998), 한국인과 일본인의 비언어행동의 대조연구-동작 접촉 공간학을 중심으로-, 『일본학보』 41, 263-278쪽.

_____(2007), 한국·일본·중국·미국인의 신체언어에 관한 대조 사회언어학적 연구, 『일본어문학연구』 61, 359-382쪽.

홍후조(2011), 『알기쉬운 교육과정』, 학지사.

홍희광(1994), 비언어적 의사소통행위에 관한 연구, 국민대학교 박사학위논문.

황창민(2012), 인사 장면에서 나타나는 중국인 한국어 학습자의 비언어적 의사소통 연구, 『어문연구』 40(1), 473-494쪽.

Argyle, M.(1975). *Bodily commuication*. Methuan & Co. Ltd., London.

Axtell, R. E.(1998). *Gestures: the do's and taboos of body language around the world*. John Wiley & Sons Inc.

Bae, Juchae(2005), A study on framing a lecture "Korean Culture through the Korean Language" for foreign students, *The Review of Korean Studies*, 8(1), 179-196.

Berko, R. M., A. D. Wolvin, & D. R. Wolvin (1998). *Communicating: a social and career focus(7th ed.)*. Houghton Mifflin College Div.

Birdwhistell, R. L.(1970). *Kinesics and context : essays on body motion communictiaon*. University of Pennsylvania Press.

Brosnahan, L.(1998). *Korean and English gesture: contrastive nonverbal communication*. Leger Brosnahan.

Brown, H. D.(2001). *Principles of language learning and teaching*, 『외국어교수의 원리』(이흥수 외 역). Pearson Education Korea.

Brown, P. & S. Levinson.(1987). *Politeness: some universals in language usage*. Cambridge: Cambridge University press.

Burgoon, J. & J. Guerrero(1994). Nonverbal communication, In M. Burgoon et al. (Ed.), *Human Communication*, 122-171. Thousand Oaks:Sage.

Byram, Michael, C. Morgan, & collegues(1994). *Teaching-and-learning language-and-culture*, Multilingual Matters Ltd.

Calbris G. & J. Montredon(1992). *La mauvaise langue*. Universitée de Franche-Comtée.

Capelle G. & N. Gidon(1999). *Reflets1*. Hachettelivre.

Collett, P.(2003). *The book of tells*, Bantam.

Chun, M. Y.(2009). Cultural relativity and universality of linguistic politeness: the speech of advice. Doctoral dissertation of Korea University Graduate School.

Darwin, C.(1872). *Expression of the emotion in man & animals*. Oxford University Press.

Duchastel, P.(1978). Illustrating instructional texts. *Educational Technology*, 18(11), 36-39.

Dodd, C. H.(1982). *Dynamics of intercultural communication*. Brown Company publishers.

Ekman, P.(1965). *Universal and cultural differences in facial expression of emotion*. University of Nebraska Press.

______(1982), Methods for measuring facial action. In K.R. Schere & P. Ekman(Eds.), *Handbook of method in nonverbal behavior research*, 45-90. Cambridge, UK: Cambridge University Press.

______(2003). *Emotion revealed: understanding faces & feelings*. Pheonix.

Ekman, R., W. Frisen, & J. Bean(1984). The international language of gestures. *Psychology Today*, 18, 64-69.

Elfenbein, H.A., & N. Ambady(2003). When familiarity breeds accuracy: cultural exposure and facial emotion recognition. *Journal of Personality and Social Psychology*, 85, 276-290.

Glass, L.(2012). *The body language advantage*. Fair Winds Press.

Goffman, E.(1961). *Encounters: two studies in the sociology of interaction*. Indianapolis. Inc.:Bobbs-Merrill.

Goman, C. K.(2008). *The nonverbal advantage: secrets and science of body language at work*. Berrett-Koehler Pub.

Gu, Y.(1990). Polite phenomena in modern Chinese. *Journal of Pragmatics*, 14, 237-257.

Hall, E.(1976). *Beyond culture*. Garden City. N.Y.:Anchor Books.

______(1983). *The dance of life : the other dimension of time*. N.Y.:Anchor Books.

Halliday, M.(1973). *Exploration in the functions of language*. London: Edwrad Arnold.

Hofstede, G.(1980). *Culture's consequences: international differences in work-related values*. Beverly Hills CA: Sage.

Hymes, D.(1972). *On communicative competence*. Pride & Holmes.

Ide, S.(1989). Formal forms and discernment: two neglected aspects of universals of linguistic politeness. *Multilingua* 8(3), 223-248.

Jandt, F. E.(2001). *Intercultural communication: an introduction(3rd ed.)*. Sage Publications, Inc.

Knapp, M. L., J. A. Hall, & T. G. Horgan(2014). *Nonverbal communication in human interaction*, Cengage.

Lamb, W. & E. Watson(1994). *Body code: the meaning in movement.* Princeton Books Publishing co.

Lakoff, R. (1972). Language in context. *Language*, 48(4), 907-927.

Lawshe, C. H. (1975). A quantitative approach to content validity, *Personnel Psychology*, 28(4), 563-575.

Leech, G. N.(1983). *Principles of pragmatics*. London: Longman.

Mao, L. R.(1994). Beyond politeness theory: 'Face' revisited and renewed. *Journal of Pragmatics*, 21(5), 451-486.

Matsumoto, D. & H. S. Hwang(2012). Nonverbal communication: the message of emotion, action, space, and silence. In Jane Jackson (Ed.), *The Routledge Handbook of Language and Intercultural Communication*, 130-147. Routledge.

McGinley, H.(1984). Attraction effects of smiling and body position. *Perceptual and Motor Sklls*, 58, 915-922.

Mehrabian, A.(1968). Communication without words. *Psychology Today*, 2(4), 53-55.

_________(1971). *Silent messages*. Wadsworth Publishing Company, Inc.

Moran, P. R.(2001). *Teaching culture: perspectives in practice*, Heinle.

Morris, D.(1994). *Bodytalk*. Crown.

_________(2002). *Peoplewatching*. Vintage.

Paige, R. M.(1993). *Education for the intercultural experience*, Yarmouth, ME: Intercultural Press.

Pease, A. & B. Pease(2004). *The Definition Book of Body Language*., 『보디 랭귀지』(서현정 번역), 대교베텔스만.

Peeck, J.(1993). Increasing picture effects in learning from illustrated text. *Learning and Instruction*, 3(3), 227-238.

Pinto, R. & J. Ametller(2002). Students' difficulties in reading images: comparing results from four national research groups. *International Journal of Science Education*, 24(3), 333-341.

Posner, R.(2001). 관습화된 일상적 제스처, 『기호학연구』 10, 11-41쪽.

Remland, M. S.(2000). *Nonverbal communication in everyday life*. New York: Houghton Mifflin Company.

Samovar, L. A. & R. E. Porter(2004). *Communication between cultures*(5th Ed.). 『문화 간 커뮤니케이션』(정현숙·김숙현·최윤희·김혜숙·박기숙 번역), 커뮤니케이션북스.

Scheflen, A. E.(1972). *Body language and the social order*. Englewood Cliffs, NJ:Prentice-Hall.

Stevick, E. W.(1986). *Images and options in the language classroom*. New York: Cambridge University Press.

Stewart, J. & C. E. Rogan(1998). *Together: communicating interpersonally*. Mc Graw.

Trompenaars, F.(1993). *Riding the waves of culture*. Irwin.

Van Ek, J.A. & L.G. Alexander(1980). *Threshold level English:council of Europe modern languages project*. Pergamon Press.

Wainwright, G. R.(1985;1999). *Body language*. Hodder & Stoughton Limited.

Willbrand, M. L. & R. D. Reike(1983). *Teaching oral communication in elementary schools*. Macmillan Publishing Co.

Yule, G.(1996). *Pragmatics*. Oxford University Press.

부록

〈부록 1〉 전문가 조사 설문지-본문 3.2.1.

전문가 조사 설문지

안녕하십니까? 한국어 교육을 위한 신체언어에 대해 연구를 하고 있는 이명애입니다.

외국인 학습자들이 한국인과 소통하면서 한국인의 신체언어를 제대로 이해하거나 구사하지 못하여 소통에 문제가 발생하는 것을 목격하면서 몸으로 표현하는 신체언어에 대해서도 교수·학습이 필요하다고 생각하게 되었습니다.

그래서 한국어 교육에 적합한 신체언어를 선정하여 이를 교육에 적용하는 방안을 마련하고자 합니다. 이에 선생님들의 훌륭하신 경력에서 비롯된 고견을 바탕으로 객관적인 신체언어 목록을 선정하려고 합니다.

아래 표는 기존 연구를 바탕으로 마련된 한국 신체언어의 선정 기준입니다. 이를 참고로 해서 각 항목(2-6쪽)에 대해 한국어 교실에서 다루기에 적합한 정도에 대해 판단해 주시기 바랍니다.

신체언어 항목은 기존 연구에서 선정 중복 빈도가 많은 순서대로 보인 것입니다(빈도수는 각 항목 옆에 표기하였으니 참고하시기 바랍니다). 각 항목의 신체언어가 한국어 교육에 적합하다고 생각되는 정도에 따라 7점 척도 가운데에서 선택하여 √로 표시해 주시면 됩니다. 해당 항목에 대해 부적합이라고 표시하시는 경우에는(1점, 2점, 3점의 경우) 비고란에 생각하시는 이유를 적어주시면 감사하겠습니다.

이 외에 한국어 교육에 포함되어야 할 필요가 있다고 생각되시는 다른 항목이 있거나 좋은 의견 있으시면 아래 자유 의견란에 적어주시면 됩니다.

선생님들의 고견을 반영하여 타당한 신체언어 교육방안을 마련하도록 하겠습니다. 감사합니다.

이명애 올림

※ 본 설문은 학문 연구를 위한 것으로 다른 용도로 사용되지 않음을 약속드립니다.

〈참고용: 한국 신체언어의 선정 기준〉

선정기준	의미
한국적 특수성	다른 언어문화권에서 보편적으로 사용한다기보다 한국에서 주로 사용되는 것인가?
일상성	대부분의 한국 성인들이 일상생활에서 널리 사용하는 것인가?
현재성	과거가 아닌 현재 시점에 주로 사용하는 것인가?
의사소통 기능성	한국어로 소통하는 과정에서 오해와 갈등을 피하고 원활한 관계 형성과 의미 전달에 도움을 주는 것인가?
공손성	위 네 가지 기준에 합당하면서 특별히 한국적 공손성을 띠므로 구별해서 교육할 가치가 있는 것인가? 또는 불공손한 신체언어이므로 한국인과의 의사소통에서 주의하도록 특별히 다룰 필요가 있는 것인가?

	신체언어의 표현(의미)	선정빈도	매우부적합	⇦		보통	⇨		매우적합	비고
			1	2	3	4	5	6	7	
1	엄지를 세워 앞으로 내밀다(최고)	6								
2	고개와 허리를 숙이다(인사-공손)	5								
3	검지를 관자놀이에 대고 돌리다(머리 이상함)	5								
4	엄지와 검지를 동그랗게 모아 원을 만들고 다른 손가락은 펼쳐 들다(돈)	5								
5	양팔을 벌려 머리 위에 하트 모양을 만들어 머리 위에 놓다(애정 표시)	5								

6	손을 펼쳐들다(발언권 요구, 웨이터나 택시 부르기)	5								
7	검지를 펼쳐 세워 입술에 대다(침묵 요구)	5								
8	새끼 손가락을 구부리다(약속 요구)	5								
9	웃거나 놀라거나 하품 등 입이 벌어질 때 손으로 입을 가리다(공손)	4								
10	여성끼리 팔짱을 끼고 걷다(우정 표시)	4								
11	팔을 올려 좌우로 흔들다(가벼운 인사)	4								
12	다리를 붙여 앉다(자세-공손)	4								
13	손등을 위로 하여 손을 앞뒤로 흔들다(이리와 지시)	4								
14	뿔모양으로 검지를 세워 머리 위에 두다(분노 표시)	4								
15	검지와 중지를 펴서 V자를 만들다(뽐냄)	4								
16	엄지부터 차례대로 접는다(수 세기)	4								
17	새끼손가락을 펼쳐 보이다(여자 애인-속어)	4								
18	앞쪽으로 두 손을 모아 서 있다(자세-공손)	3								
19	고개를 숙이고 두 손으로 악수하다(인사-공손)	3								

20	눈을 지속적으로 보며 이야기하지 않다(시선-공손)	3								
21	양손의 검지를 세우고 서로 교차시켜 X자를 만들다(부정, 금지)	3								
22	고개를 숙인 채 손을 펼쳐 입 주변에 대다(역겨움)	3								
23	술잔을 잡고 마시듯이 손 동작을 취한다(음주 표현)	3								
24	엄지는 귀에 새끼손가락은 입 부분에 댄다(전화, 통화)	3								
25	손을 펴서 목부분에서 수평으로 흔든다(해고, 위협)	3								
26	양손을 움켜잡고 위아래로 흔들다(간절한 부탁)	3								
27	손바닥을 모아 위아래로 비비다(중대한 사죄)	3								
28	검지, 중지 순서로 펼쳐 올리다(수를 보여주기)	3								
29	머리를 위아래로 흔들다(긍정)	3								
30	주먹을 쥐어 보이다(의지, 확신, 결심)	3								
31	주먹을 쥐어 들어 보이다(환희)	3								
32	손바닥을 펴서 방향을 가리키다(들어가시죠/앉으시죠-공손)	3								
33	가슴 앞에서 양손으로 하트 모양을 만들다(애정 표시)	3								

34	무릎을 꿇고 머리를 바닥에 닿도록 숙이다(어른께 좌식으로 인사하기)	2								
35	검지를 들어 좌우로 흔든다(부정)	2								
36	담배 피듯이 검지 중지를 세워 입 주변에 댄다(담배, 흡연)	2								
37	손으로 귀를 판다(자신의 소문에 대한 상징)	2								
38	숟가락 들고 먹듯이 손 동작을 취한다(식사 표현)	2								
39	팔목을 보거나 다른 손으로 팔목을 가르킨다(시계, 재촉, 시간 주의)	2								
40	오른손을 왼쪽 가슴에 대다(국기 의례)	2								
41	팔을 접어 손바닥을 앞으로 펼치다(선서, 맹세)	2								
42	양 주먹을 뺨 위에 대고 돌리다(수줍음)	2								
43	주먹쥐고 엄지를 올려서 어깨 너머를 가리키다(밖에 나가기)	2								
44	두 다리를 포개고 앉다(책상다리. 전통적 남자 좌식 자세)	2								
45	한쪽 다리를 세우고 앉다(여성 한복 좌식 자세)	2								
46	머리를 좌우로 흔들다(부정, 거부, 모름)	2								
47	쯧쯧 혀를 차다(안타까움, 불쌍함)	2								

48	악수하는 모습으로 손을 잡다(협조 약속)	2								
49	손바닥을 위로하여 앞뒤로 흔들다(이리 와봐 지시)	2								
50	팔꿈치로 옆 사람을 살짝 찌르다(눈치를 줌)	2								
51	두 손으로 드리거나 받는다(물건 전달-공손)	2								
52	술을 마실 때 고개를 옆으로 돌리다(주도)	2								

〈공손하지 않은 자세〉

53	팔짱을 낀 채 서 있거나 앉아 있다(방어적, 무관심-불공손)	4								
54	손으로 턱을 괴고 앉아 있다(지루함-불공손)	4								
55	검지를 세워 사물이나 사람에게 흔들다(손가락질)	3								
56	검지를 들어 상대방을 가리키다(지시-불공손)	3								
57	검지를 들어 상대방을 가리키다(지시-불공손)	3								
58	검지를 앞뒤로 까닥이다(이리 와!, 불공손)	2								
59	주머니에 손을 넣고 있다(자세-불공손)	2								

60. 귀하의 성별 : ① 남성 ( )　　② 여성 ( )
61. 귀하의 학력 : ① 대학졸업 ( )　　② 석사졸업 ( )
③ 박사수료 이상 ( )

62. 귀하의 한국어 교육 경력: ① 5년-10년 미만 ( )
② 10년-15년 미만 ( )
③ 15년 이상 ( )

63. 의사소통을 위한 한국어 교육에서 신체언어의 교육 필요성은 어느 정도라고 생각하십니까?

전혀 필요치 않음	←--		보통	--→		매우 필요함
1	2	3	4	5	6	7

자유 의견란	

- 감사합니다 -

〈부록 2〉 한국인 성별 간 신체언어 인지도 결과(1번~16번)-본문 3.3.4.1.

(χ^2= χ^2검정값, df=자유도)

번호	신체언어	성별	사례수	빈도	백분율	χ^2	df
1-2	엄지 세우기 (최고다!)	남	65	63	96.9	0.04	1
		여	41	40	97.6		
1-3	엄지 세우기 (우두머리)	남	65	53	81.5	1.72	1
		여	41	37	90.2		
2-3	검지·중지 벌려 세우기(사진포즈)	남	65	62	95.4	1.02	1
		여	41	38	92.7		
3-5	엄지·검지 모아 올리기(돈)	남	65	52	80.0	0.79	1
		여	41	31	75.6		
4-2	엄지·검지 엇갈려 올리기(애정)	남	65	63	96.9	1.60	1
		여	41	40	97.6		
5-1	새끼손가락 세우기 (약속)	남	65	65	100	1.60	1
		여	41	40	97.6		
6-1	주먹 흔들기 (잘해보자!)	남	65	52	80.0	0.67	1
		여	41	30	73.2		
7-1	손등을 위로 위아래 흔들기(이리 와!)	남	65	63	96.9	3.23	1
		여	41	39	95.1		
8-5	두 손 비비기 (용서요청)	남	65	55	84.6	0.03	1
		여	41	37	90.2		
9-4	양볼에 주먹 대기 (수줍음)	남	65	58	89.2	0.77	1
		여	41	37	90.2		
10-1	머리 옆에 검지 돌리기 (머리 이상함)	남	65	62	95.4	0.25	1
		여	41	39	95.1		
11-3	엄지로 어깨 너머 가리키기(나가자!)	남	65	55	84.6	0.05	1
		여	41	34	82.9		
12-1	가슴에 손 얹기 (국기의례)	남	65	63	96.9	0.04	1
		여	41	40	97.6		
13-1	엄지·검지·중지 차례로 접기(3)	남	65	60	92.3	0.34	1
		여	41	38	92.7		
14-2	양 검지 머리 위에 세우기(화남)	남	65	63	89.2	1.10	1
		여	41	37	90.2		

15-1	웃으면서 입 가리기 (예의)	남	65	58	80.0	0.96	1
		여	41	38	92.7		
16-1	여성끼리 팔짱 끼리 (우정)	남	65	60	92.3	0.01	1
		여	41	38	92.7		

* p<.05

〈부록 3〉 한국인 연령 간 신체언어 인지도 결과(1번~16번)-본문 3.3.4.1.

(χ^2= χ^2검정값, df=자유도)

번호	신체언어	연령	사례수	빈도	백분율	χ^2	df
1-2	엄지 세우기 (최고다!)	20대	45	43	95.6	1.32	2
		30대	30	30	100.0		
		40대이상	31	30	96.8		
1-3	엄지 세우기 (우두머리)	20대	45	35	77.7	5.23	2
		30대	30	25	83.3		
		40대이상	31	30	96.8		
2-3	검지·중지 벌려 세우기(사진포즈)	20대	45	42	93.3	4.19	2
		30대	30	28	93.3		
		40대이상	31	30	96.8		
3-5	엄지·검지 모아 올리기(돈)	20대	45	35	77.8	1.45	2
		30대	30	23	76.7		
		40대이상	31	25	80.6		
4-2	엄지·검지 엇갈려 올리기(애정)	20대	45	44	97.8	1.37	2
		30대	30	29	96.7		
		40대이상	31	30	96.7		
5-1	새끼손가락 세우기 (약속)	20대	45	44	97.8	1.37	2
		30대	30	30	100.0		
		40대이상	31	31	100.0		
6-1	주먹 흔들기 (잘해보자!)	20대	45	35	77.8	0.30	2
		30대	30	24	80.0		
		40대이상	31	23	74.2		
7-1	손등을 위로 위아래 흔들기(이리 와!)	20대	45	43	95.6	2.76	2
		30대	30	29	96.7		
		40대이상	31	30	93.5		

8-5	두 손 비비기 (용서요청)	20대	45	39	86.7	5.00	2
		30대	30	27	90.0		
		40대이상	31	26	83.9		
9-4	양볼에 주먹 대기(수줍음)	20대	45	41	91.1	6.73	2
		30대	30	28	93.3		
		40대이상	31	26	83.9		
10-1	머리 옆에 검지 돌리기 (머리 이상함)	20대	45	43	95.6	0.10	2
		30대	30	29	96.7		
		40대이상	31	29	93.5		
11-3	엄지로 어깨 너머 가리키기(나가자!)	20대	45	37	82.2	1.17	2
		30대	30	27	90.0		
		40대이상	31	25	80.6		
12-1	가슴에 손 얹기 (국기의례)	20대	45	44	97.8	2.41	2
		30대	30	30	100.0		
		40대이상	31	29	93.5		
13-1	엄지·검지·중지 차례로 접기(3)	20대	45	40	88.9	4.65	2
		30대	30	29	96.7		
		40대이상	31	29	93.5		
14-2	양 검지 머리 위에 세우기(화남)	20대	45	42	93.3	2.82	2
		30대	30	30	100.0		
		40대이상	31	28	90.3		
15-1	웃으면서 입 가리기(예의)	20대	45	39	86.7	1.13	2
		30대	30	28	93.3		
		40대이상	31	28	90.3		
16-1	여성끼리 팔짱 끼리(우정)	20대	45	41	91.1	0.20	2
		30대	30	28	93.3		
		40대이상	31	29	93.5		

* $p<.05$

〈부록 4〉 학습자 수준 간 신체언어 인지도 결과(1번~16번)-본문 3.3.4.1.

(χ^2= χ^2검정값, df=자유도)

번호	신체언어	수준	사례수	빈도	백분율	χ^2	df
1-2	엄지 세우기 (최고다!)	초급	85	26	30.6	0.58	2
		중급	58	17	29.3		
		고급	21	8	38.1		
1-3	엄지 세우기 (우두머리)	초급	85	6	7.1	2.20	2
		중급	58	2	3.4		
		고급	21	0	0.0		
2-3	검지·중지 벌려 세우기(사진포즈)	초급	85	51	60.0	3.19	2
		중급	58	44	75.9		
		고급	21	15	71.4		
3-5	엄지·검지 모아 올리기(돈)	초급	85	10	11.8	5.42	2
		중급	58	2	3.4		
		고급	21	0	0.0		
4-2	엄지·검지 엇갈려 올리기(애정)	초급	85	76	89.4	1.10	2
		중급	58	54	93.1		
		고급	21	18	85.7		
5-1	새끼손가락 세우기 (약속)	초급	85	82	96.5	0.24	2
		중급	58	55	94.8		
		고급	21	20	95.2		
6-1	주먹 흔들기 (잘해보자!)	초급	85	37	43.5	0.36	2
		중급	58	28	48.3		
		고급	21	9	42.9		
7-1	손등을 위로 위아래 흔들기(이리 와!)	초급	85	75	88.2	2.29	2
		중급	58	45	78.9		
		고급	21	18	85.7		
8-5	두 손 비비기 (용서요청)	초급	85	9	10.6	1.33	2
		중급	58	10	17.2		
		고급	21	3	14.3		
9-4	양볼에 주먹 대기(수줍음)	초급	85	13	15.3	6.20*	2
		중급	58	18	31.0		
		고급	21	7	33.3		

10-1	머리 옆에 검지 돌리기 (머리 이상함)	초급	85	33	38.8	0.16	2
		중급	58	22	37.9		
		고급	21	9	42.9		
11-3	엄지로 어깨 너머 가리키기(나가자!)	초급	85	25	29.4	2.75	2
		중급	58	24	41.4		
		고급	21	9	42.9		
12-1	가슴에 손 얹기 (국기의례)	초급	85	19	22.4	1.41	2
		중급	58	18	31.0		
		고급	21	6	28.6		
13-1	엄지·검지·중지 차례로 접기(3)	초급	85	27	31.8	0.70	2
		중급	58	22	37.9		
		고급	21	8	38.1		
14-2	양 검지 머리 위에 세우기(화남)	초급	85	25	29.4	0.25	2
		중급	58	16	27.6		
		고급	21	7	33.3		
15-1	웃으면서 입 가리기(예의)	초급	85	54	63.5	4.63	2
		중급	58	27	46.6		
		고급	21	10	47.6		
16-1	여성끼리 팔짱 끼리(우정)	초급	85	79	92.9	0.20	2
		중급	58	53	91.4		
		고급	21	19	90.5		

* p〈.05

〈부록 5〉 한국인 성별 간 신체언어 공손성 인지도 결과(17번~29번)-본문 3.3.4.2.

(t=t검증값)

번호	신체언어	성별	사례수	평균	표준편차	t
17	손 흔들어 인사하기	남	65	1.83	0.68	1.17
		여	41	1.68	0.57	
18	한 손으로 악수하기	남	65	1.95	0.78	0.02
		여	41	1.95	0.74	
19	다리 꼬아 앉기	남	65	2.17	0.68	0.74
		여	41	2.07	0.61	
20	팔짱 끼기	남	65	2.02	0.63	0.13
		여	41	2.00	0.59	
21	주머니에 손 넣기	남	65	2.02	0.63	-0.66
		여	41	2.10	0.63	
22	턱 괴기	남	65	2.06	0.63	-1.30
		여	41	2.22	0.57	
23	몸 돌려 술 마시기(역문항)	남	65	4.23	0.66	-0.51
		여	41	4.29	0.51	
24	손바닥 위로 해서 부르기	남	65	1.55	0.50	0.64
		여	41	1.49	0.55	
25	검지로 부르기	남	65	1.22	0.41	-0.59
		여	41	1.27	0.51	
26	검지로 가리키기	남	65	1.23	0.43	-0.71
		여	41	1.29	0.46	
27	두 손으로 물건 건네기(역문항)	남	65	4.46	0.73	-1.14
		여	41	4.61	0.49	
28	시선 맞추며 이야기하기	남	65	2.63	0.89	-1.49
		여	41	2.93	1.15	
29	다리 펴고 앉기	남	65	1.88	0.76	0.36
		여	41	1.83	0.50	

* p〈.05

〈부록 6〉 한국인 연령 간 신체언어 공손성 인지도 결과(17번~29번)-본문 3.3.4.2.

(F=F검정값)

번호	신체언어	변산원	제곱합	자유도	평단제곱	F
17	손 흔들어 인사하기	집단 간	1.59	2	0.80	2.00
		집단 내	40.97	103	0.40	
		전체	42.57	105	-	
18	한 손으로 악수하기	집단 간	1.33	2	0.67	2.75
		집단 내	24.94	103	0.24	
		전체	26.27	105	-	
19	다리 꼬아 앉기	집단 간	0.19	2	0.10	0.22
		집단 내	43.96	103	0.43	
		전체	44.15	105	-	
20	팔짱 끼기	집단 간	0.72	2	0.36	1.18
		집단 내	31.13	103	0.30	
		전체	31.05	105	-	
21	주머니에 손 넣기	집단 간	4.16	2	2.08	5.86*
		집단 내	36.60	103	0.36	
		전체	40.76	105	-	
22	턱 괴기	집단 간	1.00	2	0.50	1.34
		집단 내	38.41	103	0.37	
		전체	39.41	105	-	
23	몸 돌려 술 마시기 (역문항)	집단 간	0.12	2	0.06	0.16
		집단 내	38.01	103	0.37	
		전체	38.12	105	-	
24	손바닥 위로 해서 부르기	집단 간	0.98	2	0.49	1.96
		집단 내	25.92	103	0.25	
		전체	26.91	105	-	
25	검지로 부르기	집단 간	0.27	2	0.13	0.66
		집단 내	20.84	103	0.20	
		전체	21.10	105	-	
26	검지로 가리키기	집단 간	0.25	2	0.13	0.49
		집단 내	26.10	103	0.25	
		전체	26.35	105	-	

27	두 손으로 물건 건네기(역문항)	집단 간	1.31	2	0.66	2.76
		집단 내	24.43	103	0.24	
		전체	25.74	105	-	
28	시선 맞추며 이야기하기	집단 간	9.62	2	4.84	9.45*
		집단 내	52.68	103	0.51	
		전체	62.35	105	-	
29	다리 펴고 앉기	집단 간	0.72	2	0.36	0.77
		집단 내	48.27	103	0.47	
		전체	48.99	105	-	

* p〈.05

〈부록 7〉 학습자 수준 간 신체언어 공손성 인지도 결과(17번~29번)-본문 3.3.4.2.

(F=F검정값)

번호	신체언어	변산원	제곱합	자유도	평단제곱	F
17	손 흔들어 인사하기	집단 간	0.81	3	0.27	0.43
		집단 내	100.79	161	0.63	
		전체	101.60	164	-	
18	한 손으로 악수하기	집단 간	17.72	3	5.91	8.12*
		집단 내	117.12	161	0.73	
		전체	134.85	164	-	
19	다리 꼬아 앉기	집단 간	3.41	3	1.14	1.42
		집단 내	129.10	161	0.80	
		전체	132.51	164	-	
20	팔짱 끼기	집단 간	3.07	3	1.02	1.42
		집단 내	115.99	161	0.72	
		전체	119.07	164	-	
21	주머니에 손 넣기	집단 간	1.34	3	0.45	0.91
		집단 내	79.17	161	0.49	
		전체	80.51	164	-	
22	턱 괴기	집단 간	6.22	3	2.07	4.87*
		집단 내	68.51	161	0.43	
		전체	74.72	164	-	

23	몸 돌려 술 마시기 (역문항)	집단 간	8.39	3	2.80	4.57
		집단 내	98.61	161	0.43	
		전체	106.99	164	-	
24	손바닥 위로 해서 부르기	집단 간	2.71	3	0.90	1.84
		집단 내	78.90	161	0.49	
		전체	81.61	164	-	
25	검지로 부르기	집단 간	1.36	3	0.45	1.29
		집단 내	56.62	161	0.35	
		전체	57.98	164	-	
26	검지로 가리키기	집단 간	1.47	3	0.49	1.67
		집단 내	47.34	161	0.29	
		전체	48.81	164	-	
27	두 손으로 물건 건네기(역문항)	집단 간	1.74	3	0.58	0.74
		집단 내	126.59	161	0.79	
		전체	128.33	164	-	
28	시선 맞추며 이야기하기	집단 간	0.85	3	0.28	0.67
		집단 내	67.86	161	0.42	
		전체	68.70	164	-	
29	다리 펴고 앉기	집단 간	3.69	3	1.23	2.95*
		집단 내	67.16	161	0.42	
		전체	70.5	164	-	

* p〈.05

〈부록 8〉 학습자 대상 설문지-본문 3.3.3.1.

〈Body Language Awareness Survey〉
〈신체언어 인지도 설문지〉

Greetings,

This survey is designed to measure the understanding and the needs of Korean Body Language. This survey will also be helpful for Korean language educators who are teaching Korean for communication purposes.

The term Body Language, as used in this survey, is a way of communicating using one's body instead of words. Please note that there are body motion, posture, gazing, and physical contact in Body Language.

Let me inform you that this survey is only for research purposes and is not used for any other purposes. Thank you very much for your active cooperation and for how you spared some time out of your busy schedule.

Sincerely,
Myeong-ae Lee

lma200510@naver.com
Graduate School of Catholic University,
Department of Korean Language Education

안녕하십니까?

본 설문지는 의사소통을 목적으로 하는 한국어 교육에서 신체언어교육의 체계화를 위해 한국인의 신체언어 이해도와 요구도 측정을 하려고 마련된 것입니다.

본 설문에서 신체언어(Body Language)란 언어 이외 몸을 사용한 소통방식으로 몸짓, 자세, 시선, 접촉 등을 의미합니다.

본 설문은 연구만을 위한 것이며 다른 용도로 사용되지 않음을 알려드립니다. 바쁘신 데도 설문에 적극적으로 협조해 주신 것에 대해 마음 깊이 감사드립니다.

이명애 올림

The following is about Korean Body Language. Please select all possible meanings of the Body Language in each of the following images.(Making multiple responses is possible.) If you come up with a meaning that's not given in one of the choices, please write it down in the blank next to 'others'.

한국 신체언어(Body Language)에 관한 설문입니다. 아래의 각 사진의 동작이 어떤 의미라고 생각하는지 모두 골라 □에 표시해 주십시오.(복수 응답 가능) 제시된 의미

No	Image 이미지	Meanings 의미
1	You raise up your thumb while the rest of your fingers are folded. 엄지를 세워 올린다.	① Good job! □ ② You're the best! □ ③ Boss □ ④ Swearing □ ⑤ 1 thing □ ⑥ Others:_____
2	After clenching your fist with the back of your hand facing forward, you raise your index finger and middle finger. 검지와 중지를 벌려 올린다.(손등 바깥 쪽)	① Victory □ ② Peace □ ③ Photo pose□ ④ Swearing □ ⑤ Gangster □ ⑥ Others:_____
3	You make a circle with your thumb and index finger. 엄지와 검지로 동그라미를 만든다.	① Good job! □ ② I agree □ ③ Swearing □ ④ Worthless □ ⑤ Money □ ⑥ Others:_____
4	After clenching your fist, you put up your thumb and index finger and make them cross each other. 엄지와 검지의 끝을 엇갈려 올린다.	① Money □ ② Love □ ③ A little □ ④ 7 □ ⑤ Swearing □ ⑥ Others:_____

5	 After clenching your fist, you stick out your little finger. 새끼손가락을 세워 올린다.	① Promise □ ② You did poorly! □ ③ Restroom □ ④ Skinny woman □ ⑤ Girlfriend □ ⑥ Others:_____
6	 You clench your fist and shake it with force. 주먹을 쥐고 힘 있게 흔든다.	① Let's do it!□ ② You can do it! □ ③ 10 □ ④ Threatening □ ⑤ Warning □ ⑥ Others:_____
7	 With the back of your hand facing upward, you wave your hand up and down. 손등을 위로 한 채로 손 전체를 위아래로 흔든다.	① Come here□ ② Go away □ ③ Good bye □ ④ Hi □ ⑤ Swearing □ ⑥ Others:_____
8	 You put your palms together and rub them up and down. 두 손바닥을 붙이고 위아래로 비빈다.	① I'm cold □ ② It looks tasty □ ③ Help me □ ④ Praying □ ⑤ Forgive me □ ⑥ Others:_____
9	 You place your fists next to your cheek and gently bend your wrists back and forth. 양볼에 주먹을 대고 앞뒤로 가볍게 굴린다.	① Crying □ ② Embarrassed □ ③ Help me □ ④ Acting cute □ ⑤ Forgive me □ ⑥ Others:_____
10	 With your index finger sticking out, you point at your head and spin it around. 검지를 관자놀이 근처에서 돌린다.	① Crazy □ ② Think about it □ ③ It's right □ ④ I understand □ ⑤ I don't understand □ ⑥ Others:_____

11	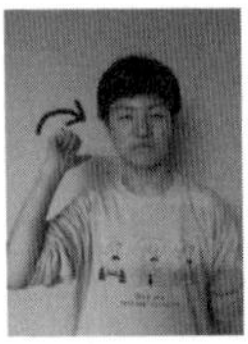 With your thumb sticking out, you point to the back over your shoulder. 엄지를 세워 어깨 너머를 가리킨다.	① Let's do it! □ ② Let's go back □ ③ Let's go out!□ ④ Swearing □ ⑤ Look back □ ⑥ Others:_____
12	 In an upright posture, you put your right hand on the left side of your chest. 곧은 자세로 오른손을 편 채로 왼쪽 가슴에 붙인다.	① Salute □ ② Sincerity □ ③ Love □ ④ Greeting □ ⑤ Swearing □ ⑥ Others:_____
13	 You fold your thumb, index finger, and middle finger in order. 엄지, 검지, 중지를 차례로 접는다.	① 3 things □ ② 2 things □ ③ 8 things □ ④ Swearing □ ⑤ Victory □ ⑥ Others:_____
14	 With your index fingers sticking out, you place both of your hands beside your head. 양손 검지를 세워 머리 위에 올린다.	① Imitating a cow □ ② He's/She's angry □ ③ Devil □ ④ Girlfriend is cheating on him □ ⑤ Swearing □ ⑥ Others:_____
15	 You cover your mouth as you smile. 웃으면서 입을 가린다.	① Being polite □ ② Being shy □ ③ There's a secret □ ④ It's a habit □ ⑤ Mouth aches □ ⑥ Others:_____
16	 Women hook their arms together while they're walking. 여성끼리 팔짱을 끼고 걷는다.	① Just friends □ ② Homosexuals □ ③ Boss and employee □ ④ Others:_____

The following Body Languages are for formal circumstances or for dealing with seniors/superiors. For each of the following images, please rate how appropriate it is to use the Body Language.

아래 사진은 격식적인 자리에서나 윗사람에게 대하는 모습입니다. 어느 정도 적절해 보이는지 □에 표시해 주십시오.

5	4	3	2	1
Very suitable (매우 적절)	Suitable (적절)	OK (보통)	Poor (부적절)	Very poor (매우 부적절)

No	Image 이미지	Very suitable 매우 적절	Suitable 적절	OK 보통	Poor 부적절	Very poor 매우 부적절
17	You show your hand to your senior and wave it from side to side. 윗사람에게 손바닥을 보이게 올리며 좌우로 흔들어 인사한다.	□	□	□	□	□
18	You shake hands with your senior with one hand. 윗사람과 한 손으로 악수한다.	□	□	□	□	□
19	In front of your senior, you sit on a chair with your legs crossed. 윗사람 앞에서 다리를 꼬아 앉는다.	□	□	□	□	□

20	 You fold your arms in front of your senior. 윗사람 앞에서 자신의 팔짱을 낀다.	☐	☐	☐	☐	☐
21	 You tuck your hands into your pockets in front of your senior. 윗사람 앞에서 주머니에 손을 넣는다.	☐	☐	☐	☐	☐
22	 You support your chin in front of your senior. 윗사람 앞에서 턱을 괸다.	☐	☐	☐	☐	☐
23	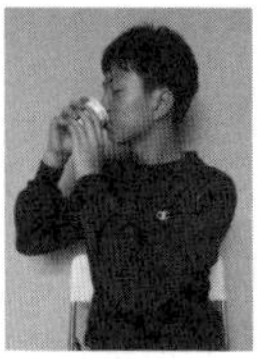 As you drink in front of your senior, you slightly turn your body to the side. 윗사람 앞에서 몸을 약간 돌리면서 두 손으로 술을 마신다.	☐	☐	☐	☐	☐
24	 With your palm facing up, you shake your hand back and forth to beckon to your senior. 윗사람에게, 손바닥을 위로 하고 손 전체를 사용해 앞뒤로 흔들며 부른다.	☐	☐	☐	☐	☐

25	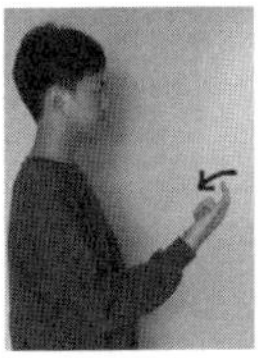 You beckon to your senior by bending your index finger. 윗사람을 주먹 쥔 채로 검지를 구부려서 부른다.	□	□	□	□	□
26	 You point at your senior using your index finger. 검지로 윗사람을 가리킨다.	□	□	□	□	□
27	 You hand an object to your senior using both of your hands. 윗사람에게 두 손으로 물건을 건넨다.	□	□	□	□	□
28	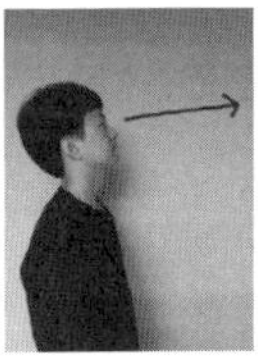 While having a conversation, you keep eye contact with your senior. 윗사람과 시선을 계속 맞추며 이야기한다.	□	□	□	□	□
29	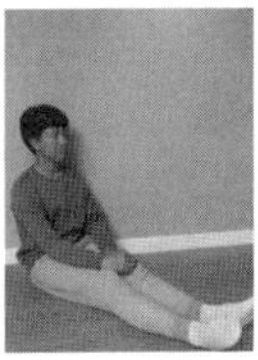 In front of your senior, you sit on the floor with your legs stretched out. 윗사람 앞에서 바닥에 다리를 펴고 앉는다.	□	□	□	□	□

Please read through the following questions about Body Language and make your response.
신체언어에 관한 질문입니다. 다음을 읽고 해당하는 곳에 표시하십시오.

No	Question 질문		Response 응답
30	Have you ever been embarrassed in a talk with Koreans because you couldn't understand a Body Language? 한국인과 대화 시 신체언어를 이해하지 못해서 당황한 적이 있습니까?		Yes □ / No □
	30-1	If so, please describe briefly what matter embarrassed you. 당황한 적이 있다면 어느 경우였는지 간단히 적어주십시오.	
31	Have you ever learned Body Language in Korean class? 한국어 수업에서 신체언어를 배운 적이 있습니까?		Yes □ / No □
	31-1	If so, what have you learned? 배운 적이 있다면 무엇을 배웠습니까?	
	31-2	Did the Body Language that you learned actually help you? 배운 신체언어가 실제로 도움이 되었습니까?	Yes □ / No □
32	Do you think Body Language education is necessary in Korean language class? 한국어 수업에서 신체언어 교육은 필요하다고 생각합니까?		Not at all □ / No □ / Neutral □ / A little □ / Yes □

〈Respondent's Personal Information〉 〈응답자 기초 정보〉				
Nationality 국적				
Gender 성별	① Male □	② Female □		
Age 나이	① 20's □	② 30's □	③ 40's □	④ 50's and over □
Occupation 직업	① Undergraduate □	② Language Course Student □		
	③ Exchange Student □	④ Other: ( )		
Length of Residence in Korea 한국 거주기간	( ) year(s) ( ) month(s)			
Korean Ability 한국어 수준	① Beginner □	② Intermediate □	③ Advanced □	④ Highly advanced □

Thank you very much for completing this survey.
수고 많으셨습니다. 감사합니다.

찾아보기

저자 이명애는

서울대학교 영어교육학과를 졸업하고 서강대학교 언론대학원에서 미디어를 활용한 교육을 주제로 석사학위를 받았다. 가톨릭대학교 한국어교육학과에서 신체언어 교육을 주제로 박사 학위를 받았다. 주카자흐스탄 한국문화원, 세종학당, 가톨릭대학교 한국어교육센터 등에서 한국어 강사를 역임했으며, 현재 가톨릭대학교에서 강의 중이다.

쓴 논문으로는 「한국문화교육에서의 문화지능 적용 연구-'문화적 선입견 다루기' 전략을 중심으로」, 「한국언어문화교육에서의 시조교육 효과 연구-상호텍스트성을 적용한 실험수업을 중심으로」, 「한국어교육을 위한 신체언어 선정 연구」 등이 있다.

신구한국어교육연구총서 06

신체언어 교육

초판 1쇄 발행 2020년 8월 31일

지은이 이명애
펴낸이 정재탁
펴낸곳 (학)신구학원신구문화사

등록 1968년 6월 10일 제1-205호
주소 경기도 성남시 중원구 광명로 377 우촌학사 1층
전화 031-741-3055
팩스 031-741-3054
이메일 shingupub@naver.com
홈페이지 www.shingubook.com

ISBN 978-89-7668-253-6 93700

이 도서의 국립중앙도서관 출판예정도서목록(CIP)은 서지정보유통지원시스템 홈페이지 (http://seoji.nl.go.kr)와 국가자료종합목록 구축시스템(http://kolis-net.nl.go.kr)에서 이용하실 수 있습니다. (CIP제어번호 : CIP2020031069)